Ingrid Theresia Bleier

Elohim - Die Schöpferengel

Ingrid Theresia Bleier

unter Mitwirkung von Elisabeth Strixner

Elohim

Die Schöpferengel

Praktische Lichtarbeit

SILBERSCHNUR VERLAG

ISBN: 978-3-89845-486-5

1. Auflage 2015

Gestaltung & Satz: XPresentation, Güllesheim
Umschlaggestaltung: XPresentation, Güllesheim; unter Verwendung eines Motivs von © kran77 und © dvarg, www.fotolia.com
Druck: Finidr, s.r.o. Cesky Tesin

Verlag »Die Silberschnur« GmbH · Steinstr. 1 · 56593 Güllesheim
www.silberschnur.de · E-Mail: info@silberschnur.de

Danksagung

Mein größter Dank gilt der Göttlichen Welt. Ich danke Gott Vater, der Quelle und dem Schöpfer allen Seins, und ich danke den Engeln für ihre Verbindung und ihren Segen. Ganz besonders danke ich den Elohimkräften, dass sie mich erwählt haben, um ihnen als Mittlerin und »Fürsprecherin« zu dienen für die Weisheit und die Impulse, die sie jetzt zu den Menschen bringen wollen als Unterstützung für unsere Umbruchzeit. Das Training, das sie mir angedeihen ließen, war ein hochinteressanter und berührender Prozess. Ich danke ihnen für ihre Geduld, auch wenn sie sicher nicht in diesen Kategorien urteilen. Durch ihre Unterstützung und Liebe gelingt es mir in all den Jahren immer mehr, voller Hingabe und Vertrauen meine Aufgabe zu leben. Daher ist es für mich eine Selbstverständlichkeit und Ehre, diese Verbindung zur geistigen Welt zu achten und rein und klar zu bewahren. In dieser Haltung ist auch das vorliegende Buch entstanden. Möge ein jeder Leser, eine jede Leserin dadurch selbst spüren, wie sich die Ebene der Schöpferkräfte für ihn/sie persönlich anfühlt.

Auf diese Weise an der Wahrhaftigkeit ausgerichtet, ist es mir eine umso größere Freude, dass ich in meiner Seelenfreundin und Kollegin Elisabeth Strixner jemanden gefunden habe, der die übermittelten Inhalte so achtsam ausarbeitet, ihnen einen sprachlichen Feinschliff verleiht und dabei im Herzen zentriert bleibt. Ich danke ihr.

Und schließlich danke ich dem Team des Silberschnur Verlages für die wunderbare Zusammenarbeit und sein sicheres Gespür für gehaltvolle, spirituelle Bücher sowie den besten Weg, wie diese zu den Menschen – zu Ihnen! – finden dürfen.

Ingrid Theresia Bleier

Inhalt

Vorwort der Autorin

Wir leben in einer besonderen Zeit. Immer mehr Menschen spüren, dass es eine Zeit des Wandels ist, dass sich bereits vieles in uns selbst und in unserem Alltag verändert hat oder zu verändern beginnt. Als Medium kann ich diese Wahrnehmungen absolut bestätigen. Individuell und kollektiv befinden wir uns mitten in einem großen Umbruch. Wesentlich ist es zu erkennen, dass WIR den Wandel gestalten. Es mag bestimmte kosmische Konstellationen und Energieeinflüsse geben, die seit einiger »Zeit« auf die Erde und damit auch auf uns selbst einwirken. Doch die konkreten Neuerungen für unser Zusammenleben haben wir selbst zu erbringen. Wir sind es, die die neuen Strukturen in den vielfältigen Lebensbereichen gestalten, die neue Ideen für das Wirtschaften, die »Erziehung«, das Gesundheitswesen, den Umgang mit der Natur und für die Energieversorgung entwickeln und umsetzen. Das wird umso wichtiger werden, je mehr alte Strukturen wegbrechen.

Etliche Gruppen von Menschen sind sich dieser Zusammenhänge bereits sehr bewusst. Überall entstehen Gruppen von sogenannten Lichtarbeitern oder Lichtbringern, die sich für diese Transformation und die Heilung einsetzen, die wir selbst und die Erde so dringend benötigen. Das ist ermutigend zu sehen! Freilich dürfen wir noch viel mehr werden. Und außerdem möchte ich Sie, liebe Leserin, lieber Leser, dazu einladen, achtsam zu bleiben und ihre eigene Intuition, ihr Herz zu befragen, um unterscheiden zu können, ob die einzelnen Angebote und Strömungen für Sie wirklich stimmig, hell und klar sind. Denn mittlerweile tummeln sich auf dem »Markt der Esoterik« natürlich Angebote unterschiedlichster Qualität. Im vorliegenden Buch lehren uns die Engel nicht zuletzt, die Verbindung zu unserer inneren Weisheit herzustellen und zu verstärken, um sehr schnell den Gehalt an Liebe und Wahrhaftigkeit in den Dingen, die uns begegnen, für uns persönlich ausloten zu können.

Und dies ist auch genau der Weg hin zur eigenen Medialität. In diesem Sinne möge dieses Buch Ihnen als ein Beispiel, ein möglicher Weg der Verbindung von uns Menschen zur Göttlichen Ebene dienen. Ich bin sehr dankbar, dass ich als Kanal dienen darf, als Botschafterin und Dienerin Gottes und seiner Engelhelfer. Meiner Auffassung nach ist dies eine Aufgabe, die in ganz unterschiedlicher Weise und Ausprägung jeder von uns erfüllen und leben kann und soll: uns mit Himmel und Erde verbinden und uns öffnen, so dass eine größere Weisheit durch uns wirkt. In der gesunden Form haben wir dabei sowohl unseren kritischen Verstand als auch unser Bauchgefühl und schließlich die Intuition, die untrügliche Herzensstimme, so weit entwickelt und miteinander in Einklang gebracht, dass wir auf unserem Weg der spirituellen Entfaltung wach, klar und gut zentriert bleiben. Nur auf diese Weise, so bin ich überzeugt, sind wir Mitschöpfer mit Herz und Verstand, die auf der Erde einen wichtigen Beitrag leisten können zur Gesundung allen Seins und zur Wiederherstellung paradiesischer Zustände.

Mir liegt es am Herzen, Sie gerade JETZT einzuladen, Ihren Weg fortzusetzen, sich selbst treu zu bleiben und den Glauben an das eigene Göttliche Licht in Ihnen zu festigen! Warum gerade jetzt? Nun, meinem Empfinden nach ist durch die Menschheit in den letzten Jahren ein Ruck gegangen, viele haben begonnen aufzuwachen. Und allzu oft haben sie ihren Blick an ein besonderes Datum geheftet wie den Dezember 2012. Mit den erwarteten, teils befürchteten, teils erhofften Ereignissen, die primär von außen hätten auf uns zukommen sollen, habe wir die Enttäuschung (das Aufdecken unserer Täuschung) natürlich quasi vorprogrammiert. 2013 hat bei vielen der »spirituelle Elan« etwas nachgelassen. Die Engel und Elohim möchten uns jedoch ermuntern - und bitten uns sogar -, positiv ausgerichtet zu bleiben und auf unserem Weg mutig voranzuschreiten. Nur dann können wir den positiven Schub, der sich in der Welt, zumindest auf der feinstofflichen Ebene, sehr wohl bereits bemerkbar macht, tatsächlich für einen »Quantensprung« im Bewusstsein und eine reale Veränderung der Welt um uns nutzen.

Was ist dafür erforderlich? Nichts weiter als Ihre Offenheit und Bereitschaft, sich zu erinnern - daran, dass wir alle Kinder Gottes sind und etwas von der Schöpferkraft Gottes in uns tragen, die es gerade heute gilt, zu entdecken, demütig anzunehmen und weise einzusetzen. Ich möchte Sie ermutigen, Schritt für Schritt unter der Führung der liebenden Engelkräfte zu Ihrem eigenen Kern zu finden und ihn zum Leuchten zu bringen. Dieser Weg hält einige Herausforderungen und ungleich mehr Freude durch Erkenntnis, Befreiung, Wachheit und Herzöffnung bereit. Eine alltagstaugliche Anleitung für die einzelnen Aspekte, also die Freilegung und Integration bestimmter Eigenschaften, bietet dieses Buch. Es basiert auf Seminaren, die mir alle innerhalb der letzten zwei bis drei Jahre von den Elohimengeln übermittelt wurden und hier in komprimierter Form dargestellt werden.

Die Elohim - wie Sie in diesem Buch erfahren - bringen uns den Zugang beziehungsweise die Erinnerung an unsere Schöpferkraft, denn sie selbst SIND die Schöpferengel, der schöpferische, Göttliche Aspekt. Eine großartige Zeit, diese Verbindung und Einheit mit dem Schöpfer wieder so deutlich leben zu können, finden Sie nicht?

Ich würde mich freuen, wenn Sie diese Durchgaben, Gebete, Übungen und Meditationen zu Ihrem eigenen größtmöglichen Nutzen anwenden - es ähnelt einem Feinschliff des kostbaren Diamanten, der Sie selbst sind! Indem Sie zu strahlen, also das von Gott, unserem Schöpfer, gegebene Potenzial aus Ihrem Herzen zu leben beginnen, leuchtet Ihr Licht auch anderen Menschen, die dadurch ihren eigenen Weg finden können.

Mein Bild von einem immer dichter werdenden Netz aus Lichtern um die Erde, das die bewussten Menschen bilden, erfüllt mich mit großer Freude und Zuversicht. Die Elohim stehen für uns bereit. Laden wir sie in unser Leben ein!

Mit herzlichen Grüßen und Licht & Liebe & Göttlichem Segen für alles Sein,

Ingrid Theresia Bleier, Starnberg im Dezember 2014

Geleitwort der Elohim – Freiheit, eine ganz andere Qualität als bisher

»Ich, der Elohim der Gnade, habe dich, Ingrid Theresia, durch monatelange Einweihungen und Schulung im Vertrauen vorbereitet, belehrt und dir geholfen, damit du unsere Zusammenarbeit jetzt ernst nimmst und an dem Punkt angekommen bist, dass du verstehst, wie wichtig die Informationen, die wir dir geben, für die Menschen sind. Ich habe dich in höhere Schwingungen gebracht, damit du alle Elohimkräfte verstehen kannst, übermitteln kannst und aushalten kannst. Nenne es ein Hineinwachsen in diese Energien. Dazu habe ich dich hingeführt. Wir haben in sogenannten früheren Leben schon oft Kontakt gehabt, du und ich, so viel sei dir gesagt. Sei gesegnet nun! Und im Namen von allen uns Elohim bitten wir dich, dieses Buch zu schreiben über die Unterstützung und Zusammenarbeit und Hilfe von uns Elohim für eine bessere Zeit, eure neue Welt. Wir lieben euch und unseren Schöpfer, die Quelle.«

Der Elohim der Liebesbringerenergie sagt: »Es ist Zeit, wieder in Kontakt zu sein. Wir möchten den Menschen zeigen, dass sie unsere Qualitäten, unsere Energien erkennen, spüren und sicher sein können, Hilfe zu bekommen, damit sie leichter durch diese Unruhe und wirre Zeit der Veränderung hindurchgehen können. Erschafft neue paradiesische Zustände auf der Erde! Glaubt und lernt, dass ihr Kinder des Schöpfers seid und mit eurer Kraft und eurem Glauben und vor allem eurer Liebe (Herzwissen, Herzensweisheit) alles unterstützen und segnen könnt, formen könnt durch die Kraft des Schöpfers in euch. Ja, ihr seid sogar aufgefordert, durch das Erwachen, was derzeit geschieht, euch mehr und mehr einzubringen und zu euren jeweiligen (Auf-)Gaben zu kommen. Denkt immer daran, formt mit euren Gedanken und mit eurer Herzenskraft Gutes, denn negatives oder nicht gutes Denken und Tun formt auch nichts Gutes. Wenn viele Menschenseelen dies erkennen und Gutes aus der Herzenskraft bewirken, wird das Licht mehr und mehr und die Liebe mehr und mehr, auch im morphogenetischen Feld. Ende. Seid gesegnet, ihr Schöpferkinder!«

Der Elohim der Gnade fährt fort: »Die Freiheit, die ihr gewinnt, indem ihr Schritt für Schritt zu eurem wahren Seelenkern findet und ihn lebt, hat eine ganz neue Qualität für euch. Es ist eine innere Sicherheit, die euch von allen scheinbaren äußeren Sicherheiten unabhängig macht und wahre Freiheit schenkt. Diese innere Gewissheit, die manche als Gottvertrauen bezeichnen, geht immer mit großer stiller Freude und Liebe zu allem Sein einher. Deshalb erwachet und bleibt wach und freut euch darüber, dass ihr den Weg kennt!

Freut euch, wir werden euch ein Übungsfeld und Training und Verbindung zu uns und zur Göttlichen Quelle zur Verfügung stellen und den Aufstieg ermöglichen, damit eine neue Welt in euch und um euch und auf eurem Planeten Erde entstehen kann! Seid Lichtarbeiter, Lichtkinder eures Schöpfers und tretet euer Erbe an, damit ihr erkennt und eure Seelen in Gott erwachen und damit wir sie segnen und führen können. Wir sind mit jedem von euch, wenn ihr unsere Hilfe, Erklärungen und Erkenntnisse annehmen wollt und in unseres Schöpfers Namen geben wollt, was ihr tun könnt als Beitrag für eine gesunde neue Erde. Wir laden euch ein, im Sinne unseres Schöpfers, der Wahrhaftigkeitsquelle, das zum Einsatz zu bringen, was in euch als Liebe, Vertrauen, Schöpferkraft und altes Wissen erwacht. Liebe sei mit euch allezeit und Segen und Frieden in euren Herzen! Gott segne euer Sein und alles Sein! In Liebe und Dankbarkeit zum Schöpfer. Eure Elohim.«

»Wir Elohim freuen wir uns jetzt sehr darüber, dass ihr beide, Ingrid Theresia und Elisabeth, bereit seid, diese Worte zu den Menschen zu bringen, die verstehen und darauf warten, dass sie Bestätigung erhalten für ihren Glauben an Gott, die Schöpferkraft, die alles erschaffen hat und erschafft. Die Kinder der neuen Zeit werden den Segen dieses Buches spüren. Gesegnet sei das Projekt nun.«

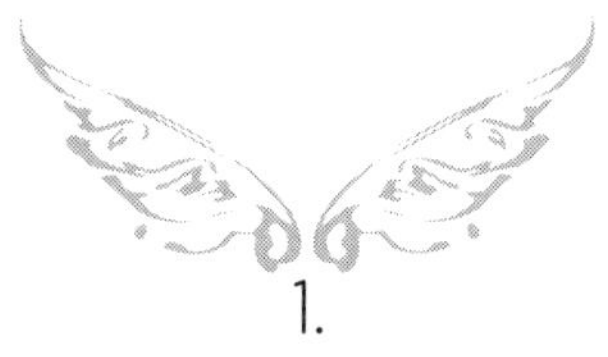

1. Einleitung

1.1 Eine besondere Zeit des Erwachens

Die Elohim selbst melden sich zu Wort für diese Einleitung, so wie überhaupt der überwiegende Teil dieses Buches eine direkte Übermittlung von der Ebene der Elohimkräfte ist. Zur deutlicheren Unterscheidung habe ich all diese Durchgaben in kursive Schrift gesetzt.

»Wir Elohim bitten euch Menschen, besonders jetzt zuzuhören, dass die neue Zeit begonnen hat und sich jetzt flutartig viel Neues einstellen wird. Die Dinge, die ihr euch wünscht, funktionieren schneller als bisher. Etliche unter euch haben bereits bemerkt, dass sich Visionen und Vorahnungen einstellen können, zum Beispiel in Träumen. Das wird noch stark zunehmen. Der Schleier ist dünner geworden. Dies ist eine Einladung und Aufforderung an euch, mit eurem Göttlichen Erbe in Verbindung zu treten, dem Mitschöpfersein und Mitschöpfertum aus dem Kraftpotenzial der Quelle Gottes heraus.

Wir haben Ingrid Theresia damit beauftragt, uns Elohim und unsere Hilfestellung für euch zu euch Menschen zu bringen. Unser Ziel in dieser Phase eurer Entwicklung ist es, die Kontakte zwischen uns Elohim und den Menschen zu gewährleisten, damit ihr wisst, wie und zu wem ihr beten beziehungsweise wie ihr bitten und wie ihr erschaffen und Mitschöpfer sein könnt für euch und euren Planeten

Erde durch euer Erkennen und Tun. Wir (helfen euch dabei und) sind nun eingeschaltet worden, euch zu helfen, um zu altem Wissen und zu eurer individuellen Gabe zu gelangen, damit ihr als Göttliche Kinder aus der Verbindung zu eurem Schöpfer Gutes tun könnt und somit selbst heiler und erneuert werdet.

Vieles wird noch geschehen. Und eure Mithilfe und euer Vertrauen und euren Glauben an das Wahre, Gute und die Erschaffungsmöglichkeiten werden wichtig sein. Wir sind mit euch und bitten nun dich, Ingrid Theresia, schreibe auf, schreibe alles auf und zaudere nicht mehr, denn die Zeit ist gekommen, dass so schnell und sobald als möglich die Menschen davon erfahren, wie sie ihren Teil dazu beitragen können als Teil vom Ganzen, indem sie ganz werden, um dann selbst das Ganze gesund und heil und Göttlich zu unterstützen.«

Nach diesen eindringlichen, klaren und liebevollen Worten der Elohim bleibt mir nur noch, Ihnen einen kleinen Leitfaden für dieses Buch an die Hand zu geben. Auch der Aufbau des Buches entspricht dabei den Durchgaben, die ich erhalten habe.

1.2 Aufbau des Buches

Die beiden ersten Kapitel (»Einleitung« und »Medium sein«) stellen eine **Hinführung zum Praxisteil** des Buches dar. Dabei betonten die Elohim, dass es sinnvoll ist, meinen Werdegang nachvollziehen zu können, damit Sie, liebe Leserin, lieber Leser, erkennen können, dass heutzutage ein Medium »Himmel und Erde« zusammenbringen kann, das heißt neben der Arbeit als Kanal und Dienerin Gottes absolut bodenständig leben und handlungsfähig sein kann. Das ist natürlich wichtig, wenn wir als Mitschöpfer unser eigenes Leben gestalten und einen Beitrag zur Heilung und Transformation der Erde leisten wollen. Zum anderen möchten die Elohim, dass ich Ihnen schildere, wie und weshalb sie, die Engelkräfte, mit mir zusammenarbeiten, und was sie, so wörtlich, damit bezwecken.

Die Elohim sind uns Menschen noch nicht so vertraut wie die Schutzengel oder auch die Erzengelkräfte. Denn sie rufen sich ja gerade erst wieder in unsere Erinnerung für diese besondere Übergangszeit. Deshalb stelle ich Ihnen im dritten Kapitel die **Eigenschaften und Aufgaben der sieben Elohim** ausführlich vor, wie ich sie selbst kennenlernen durfte und in meiner täglichen Arbeit segensreich erfahre. Mehr noch: Die Elohim stellen sich Ihnen selbst vor und haben mir dafür ausführliche Inhalte übermittelt. Freuen Sie sich auf diese Begegnung!

Das besondere Geschenk der Elohim an die Leser dieses Buches sind die in diesem dritten Kapitel enthaltenen **Gebetsformen und Rituale**, die sie uns an die Hand geben, um direkt mit ihnen in Kontakt treten und segensreich wirken zu können. Jetzt ist die Zeit da, dass dieses Wissen und diese Anleitungen zu den Menschen finden dürfen und sollen.

Alle weiteren Informationen und Hilfestellungen, die ich über die letzten drei Jahre von den Elohim nach und nach erhalten habe, meist zunächst in Form von Seminaren und Mitschöpferschulungen mit zahlreichen **alltagstauglichen Tipps und Anleitungen für Meditation und spirituelle Praxis**, präsentiere ich Ihnen im **Kapitel 4**. Sie werden sehen, dass die Themen, wie ich selbst erst im Rückblick feststellte, aufeinander aufbauen beziehungsweise sich bedingen:

So laden uns die Elohim zunächst ein, uns bewusst zu werden, dass wir »Kinder Gottes« sind, die Göttliches Licht und Mitschöpferqualitäten in sich tragen. Dabei sind unser Denken, unsere Überzeugungen und unser Glaube der Schlüssel zu diesem neuen Selbstverständnis oder Selbstbewusstsein. Freilich wird es uns nur dann möglich sein, diese Sichtweise und diese Aufgabe ganz für uns anzunehmen, wenn wir die Liebe zu uns selbst wiedererlangen. Deshalb geben uns die Elohim Möglichkeiten an die Hand, uns anzufreunden und auszusöhnen mit der wichtigsten Person in unserem Leben - uns selbst - und gut für uns zu sorgen. Dazu gehört auch die Heilung des inneren Kindes, eine Heilung all der Strukturen, die wir in uns tragen und die darüber entscheiden, welche Erfahrungen und Menschen wir heute als Erwachsene in unser Leben ziehen. Die Elohim ermutigen uns, über diese innere Arbeit ganz neue Beziehungen möglich zu machen in Partnerschaften, in Familien, im Berufsleben und allgemein in der Gesellschaft.

Allmählich sehen wir so im größeren Maßstab ein neues, gesundes Miteinander in unserer Welt erwachsen. Grundvoraussetzung dafür sind bei jedem Einzelnen besonders die Eigenschaften des tief verwurzelten Urvertrauens, eines Vertrauens in uns selbst, in Gott und das Leben.

Wenn wir in diesem Gefühl verankert sind, wird es möglich und Zeit, uns selbst in unserer Einzigartigkeit und mit unserer Gabe anzunehmen und sie in unserem Leben umzusetzen.

Der Praxisteil schließt mit einem übermittelten starken **Schutzritual**, das es uns erlaubt, all das unter den höchsten Göttlichen Schutz und Segen zu stellen, was uns bewahrenswert scheint, einschließlich unserer eigenen neuen authentischen Form und Energie als Lichtbringer. Dieses Geschenk überreichen uns insbesondere der Elohim des Wachstum, der Elohim der Gnade und der Elohim der Vollkommenheit.

Zum Ausklang werden wir sehen, wie der »Feinschliff« an uns selbst und unsere Bewusstseinserweiterung nicht nur große Erleichterung und Freude in unserem eigenen Leben bewirken und Hilfe in unserem Umfeld ermöglichen, sondern zugleich einen wertvollen **Beitrag zur Gestaltung einer neuen Welt** darstellen.

1.3 Was die Elohim mit diesem Buch bewirken möchten – Aufruf zum Mitschöpfersein

Die Elohim möchten mit diesem Buch wichtige Erkenntnisse und Hilfsmittel für die Umbruchphase von Mensch und Erde übermitteln. Ein zentraler Punkt bei der Veränderung oder Schwingungsanhebung der Erde ist das Schaffen neuer Strukturen. Dabei sind es wir Menschen, die Altes verabschieden und Neues entstehen lassen müssen.

Die gute Nachricht dabei ist, dass, wenn wir uns direkt mit der Schöpferkraft (in uns) verbinden, genau diese Transformation hin zu gesünderen Strukturen stattfinden WIRD. Denn, so erklären es die Elohim, die Schöpferkraft oder Gott oder die Quelle oder die Urnormform oder die Urschöpferkraft IST eine heile harmonische Schwingung, die alles anstößt, was in Disharmonie ist und in eine Bewegung bringt für eine neue Balance, eine heilere Form. »Das Buch dient dazu, dass ihr das Potenzial, welches als Göttliches, gesundes Urformpotenzial in euch ist, erkennt und anerkennt und es voller Mut und Vertrauen zur Heilung eurer Erde einsetzt. Wir sind in Liebe und Verbundenheit mit unserer Schöpferkraft bei euch.«

Die Elohimkräfte sind die einzelnen Qualitäten als Ausdruck der Schöpferkraft Gottes. Hier stellen sie sich uns einzeln und als Gesamtheit vor und bieten ihre Zusammenarbeit an. Der Göttliche Plan sieht vor, dass sich in dieser Zeit das Göttliche Menschsein zu entfalten und zu verwirklichen beginnt, durch UNS. Wir sind eingeladen, das Göttlichsein auf der Erde zu leben durch unsere Rückverbindung und Erinnerung an die Urnormform, diese All-Weisheit, und diese zur Erde zurückzubringen.

Die Verbindung zwischen »Himmel und Erde« in uns ist nun leichter lebbar, da sich die Schranken zwischen den Dimensionen jetzt öffnen und so die Göttliche Schöpferkraft direkt auf die Dualität einwirken kann und in uns Menschen eine größere Bewusstheit und unseren Göttlichen Kern erweckt. Die Dualität wird durch gute, wahre, reine Gerechtigkeitskraft durchdrungen. Die Elohim bitten uns zu verstehen: Wenn die Schöpferkraft heil und heilend ist, dann bewirkt sie in uns und auf der Erde ebenfalls Heilung und löst die Dualität mehr und mehr auf. Verbinden wir uns mit dieser Kraft!

In diesem Buch möchten uns die Elohim also in unserem Glauben bestärken: »Glaubet fest daran, dass das Gute, Lichte, Heile in die Schwere eintaucht. Es mag dadurch in eurer Wahrnehmung zunächst Konflikte zwischen unterschiedlichen Kräften geben. Doch letztlich werden durch die neue Schwingungsqualität Erkenntnis, Liebe, Freiheit und Harmonie entstehen. Das ist der Plan. Wenn ihr also alle ein Teilaspekt vom Ganzen, vom Schöpfer seid, ist es eure wahre Aufgabe, euch als Lichtfunke zu erkennen, euch zurückzuverbinden mit dem großen Ganzen und die Gewissheit in eurem Herzen zu tragen, dass jeder Einzelne von euch einen Teil zum ganzen positiven Schöpfungsakt für die neue Zeit beitragen kann. Diese Verbindung beginnt bei euch selbst, indem ihr euch annehmt, heilt und wandelt, und es wird eine Wirkung haben und größere Kreise ziehen. Wir geben euch die Anleitung.«

Die Engel wählen die Buchform, denn möglichst viele Menschen sollen jetzt erreicht werden, möglichst viele Menschen sollen sich nun an ihre Göttliche Abstammung erinnern und an sich arbeiten. Daher ist dies ein Praxisbuch. Möge es Ihnen ein treuer Begleiter auf Ihrem Weg sein!

1.4 Wie Sie mit diesem Buch arbeiten können

Als ich die Elohim danach befragte, wie Sie, liebe Leserin, lieber Leser, am sinnvollsten mit diesem Buch arbeiten können, hieß es »nach Gefühl«. Und dies ist selbstverständlich in Übereinstimmung mit dem allgemeinen Anliegen der Elohim, uns mehr und mehr zu unserer eigenen Intuition zu führen. Sie ermutigen uns, unserer inneren Stimme zu vertrauen. Daher lade auch ich Sie ein, dieses Buch nicht nur mit dem Intellekt begreifen zu wollen, sondern Schritt für Schritt Ihr Herz zu befragen und sich inspirieren zu lassen.

Es hat sich als hilfreich erwiesen, übermittelte Texte zunächst in der Gesamtheit durchzulesen und auf sich wirken zu lassen. Dabei werden Sie vor allem die Elohimkräfte selbst kennenlernen dürfen und verstehen, weshalb die Elohim nun für uns da sind und auf welche Weise sie uns in der Umbruchzeit, die wir durchleben, helfen können.

Ich habe die Erfahrung gemacht, dass mir beim mehrfachen Lesen - selbst der von mir selbst medial empfangenen Inhalte! - immer wieder neue Aspekte auffallen oder besonders in Erinnerung bleiben. Das ist immer richtig und gut so. Was uns anspricht und berührt, hat für uns aktuell Bedeutung. Nichts ist dabei zufällig.

Im **dritten Kapitel** stellen sich uns die sieben Elohimengel mit ihren Zuständigkeiten selbst vor, so dass sie »greifbar« werden. Sie geben uns sogar Anregungen für Gebetsformen, wie wir sie um etwas bitten können. Ich lade Sie ein, damit zu experimentieren und zu üben. So kann eine neue Gewohnheit entstehen, die in vielen Situationen unseres Lebens die klärende, stärkende und schützende Qualität der Elohim einfließen lässt. Bleiben Sie offen und in der Freude auf das, was sich verändern mag.

Das **vierte Kapitel** erlaubt ein konkretes Arbeiten an essenziellen Eigenschaften des Menschen der neuen Zeit (Meistereigenschaften nennen die Elohim sie) und fördert Einsichten und Erkenntnisse, um nach und nach zu einem stabilen Gleichgewicht in uns, in unseren Familien und unserer Gesellschaft zu gelangen. Nehmen Sie sich ruhig Zeit dafür!

So lassen Sie sich also vom Aufbau des Buches, den uns die Elohim gegeben haben, und vor allem von Ihrer eigenen Intuition führen. Besonders lege ich Ihnen die Arbeit mit den Gebeten, Segnungen, Meditationen und den Affirmationen ans Herz. Ich würde mich freuen, wenn Sie die in diesem Buch vorgestellten Ideen und Rituale ausprobieren und als Impuls nutzen, um Ihre eigene Praxis in Ihrem Leben zu verankern - mit der Führung und liebenden Hilfe der Engel und Elohim.

2. Medium sein für die Elohim

2.1 Mein Weg als spirituelle Lehrerin und als Medium

Sie fragen sich womöglich, was eigentlich ein Medium ist und wie zum Beispiel ich zu diesem Beruf gekommen bin, wenn es denn ein solcher ist.

Nun, ich möchte Ihnen versichern, es ist ein Beruf und es ist eine Berufung, und ich freue mich sehr, dass ich diese heute tagtäglich mit viel Herzblut leben darf. Ich stelle mich als Kanal und Mittlerin zwischen der geistigen Welt, die für die meisten von uns (noch) unsichtbar ist, und den Menschen (oder auch Tieren) zur Verfügung, um Durchsagen, Wissen, Heilenergien und so weiter zu empfangen, weiterzugeben und anzuwenden.

Doch natürlich war das nicht immer so. Und es war keinesfalls ein »Berufsbild«, das ich angestrebt habe. Das Leben selbst und, wie ich heute weiß, die geistige Welt haben mich auf diesem Weg vorangeführt. Ich möchte Sie ermutigen, dass dies ein Weg ist, der grundsätzlich jedem von uns offensteht, wenngleich vielleicht in unterschiedlichen Ausprägungen und in unterschiedlicher Intensität. Wir alle tragen in uns den Göttlichen Funken als Verbindungsmöglichkeit mit der Quelle. Es ist unser Geburtsrecht und

Erbe. Häufig schlummert er wie ein Same in uns und wartet darauf, dass wir uns erinnern und ihn wachsen lassen.

Um Ihnen das zu illustrieren, habe ich mich entschieden, Ihnen eine Zusammenfassung meiner Geschichte zu geben, die nicht zuletzt belegt, dass all die Wechselfälle des Lebens, die wir häufig schnell als gut und schlecht benennen, im Nachhinein ihren Sinn entfalten und uns auf unserem Weg zu unserem Wesen und unserer Aufgabe voranbringen.

Lange Zeit war mein Weg eine Suche, eine Suche nach Gott und Gesundheit. Dabei habe ich vieles sozusagen am eigenen Leib erfahren. Und dank der Göttlichen Welt wurde mir ein höheres Wissen über die Zusammenhänge von grobstofflichen und feinstofflichen Realitäten, über Krankheiten und Gesundheit zugänglich. Heute betrachte ich den Menschen daher ganzheitlich mit Körper, Geist und Seele, kenne die Rolle der Aura und Chakren und nehme diese wahr. Aus diesen Gründen kann ich manchen Menschen, die selbst derzeit nicht weiterwissen oder sich fragen, wo sie stehen, wer sie sind und wohin sie gehen, einige Impulse oder Antworten geben, die ich von den Engeln empfange und als getreue Dienerin achtsam weitergebe. Es sind Antworten, die - so wurde mir häufig bestätigt - deshalb glaubwürdig und annehmbar sind, da ich selbst vieles oder Ähnliches durchlebt habe wie das, wovon ich spreche.

Meine Kindheit verlebte ich auf dem Land, auf einem Bauernhof in der Oberpfalz (Bayern). Viel Zeit verbrachte ich mit den Tieren und in der Natur. Ich bin meiner Familie dankbar, dass sie mir diese Freiheit in der ländlichen Umgebung ermöglicht hat, woraus meine Erdverbundenheit und Liebe zur Natur erwuchsen.

Nicht alles ist in meiner Kindheit so verlaufen, wie man es sich hätte wünschen können. Da gab es neben der Freiheit durch das

»Landleben« in anderen Bereichen durchaus Beschränkungen. Dies sind unsere Lernprozesse, die jeder Mensch im Laufe seines Lebens in der einen oder anderen Form durchläuft. Als Kind war ich überaus lebendig, doch zugleich zurückhaltend, was fremde Menschen anging. Heute erst weiß ich, dass ich damals bereits genau spüren konnte, ob Menschen für mich angenehme Energien hatten oder nicht. Deshalb war ich nicht immer so offen und »zutraulich«, wie man es vielleicht von mir erwartet hätte.

Auf dem Hof meiner Eltern war es selbstverständlich, dass ich im Sommer bei der Heuernte mitarbeitete, wenn andere Kinder baden gingen. Zwischendurch half ich meiner Tante in ihrem Café in einem Nachbardorf. Dies alles machte mir Spaß, und zugleich erfuhr ich schon früh, dass das Leben wohl vor allem Arbeit bedeutet. Im Kaffeehaus meiner Tante traf ich auf unterschiedlichste Charaktere. Manche Menschen hatten eine angenehme Ausstrahlung, manche weniger. Damals wusste ich nicht, dass es besser gewesen wäre, unangenehme Personen zu meiden oder mich abzugrenzen. Im Gegenteil, ich lernte, mich anzupassen und stets freundlich und höflich zu sein. Dieses Muster behielt ich lange bei. Viele Menschen kannten mich als freundlich lächelndes, lebendiges Mädchen. Ich selbst fühlte mich innerlich häufig nicht so.

Dann war die Schule zu Ende. Wie viele andere junge Menschen stand auch ich vor der Frage, was ich beruflich mit meinem Leben anfangen sollte. Damals waren die Lehrstellen rar, und obwohl ich lieber in einem Labor arbeiten wollte, begann ich eine Lehre in einem Betrieb mit Stahl- und Eisenwaren. Dies war für mich eine harte Zeit, weil ich mich dort völlig fehl am Platz fühlte. Heute weiß ich, dass alles, was das Leben bringt, ein Puzzlestein zum ganzen Bild ist, welches sich erst später zusammenfügt und verstanden werden kann. Ich war jedenfalls froh, als die drei Lehrjahre vorüber waren. Natürlich wollte ich nicht in diesem Beruf bleiben. Wie schön erschienen mir dagegen die zurückliegende Schulzeit und die gemeinsame Arbeit mit meiner Tante im Café. Es ergab sich, dass meine Tante, mittlerweile älter geworden, den Betrieb verpachtete. Ich ergriff diese Möglichkeit und hatte so von heute auf morgen die Verantwortung für die Leitung des Cafés.

Selbstständig einen Gastronomiebetrieb zu leiten, ist jedoch mehr Verantwortung und Arbeit, als ich mir zur damaligen Zeit hatte vorstellen können; ich war ja erst 20 Jahre alt. Mein Freund konnte nicht ständig anwesend sein, da er noch einem anderen Beruf nachging, und so blieb viel an mir hängen. Zur Überarbeitung kamen Beziehungsprobleme und die Energien von Suchtmenschen, mit denen ich täglich zu tun hatte. Ich wurde krank, entwickelte eine innere Unruhe und Mutlosigkeit. Ich rauchte immer mehr, aß immer unregelmäßiger und fühlte mich von Tag zu Tag schwächer. Mit niemandem konnte ich mich darüber austauschen, und ich wollte außerdem keinen mit meinen Sorgen belasten. Das war damals meine Einstellung. Schließlich liefen die zwei Jahre des Pachtvertrages ab. Nun wollte ich endlich das tun, was mich bereits seit langem interessierte, nämlich Psychologie studieren. Es war stets mein Wunsch gewesen, menschliche Verhaltensweisen und Charakterstrukturen zu verstehen. Dazu war es nötig, das Abitur nachzuholen. Also zog ich wieder zu meinen Eltern und fuhr jeden Tag in die Schule.

Aber das Schicksal hatte etwas anderes mit mir vor. Nach einem halben Jahr verließ ich die Schule wieder, da ich nicht mehr daran glaubte, es schaffen zu können, zumal meine Eltern über den plötzlichen Wechsel vom Kaffeehaus zum Studium nicht begeistert waren. Mein Vater wollte mich in einer »sicheren Anstellung« sehen. Und so kam es dann. Ich landete alsbald im öffentlichen Dienst. Etwa neun Jahre verbrachte ich in verschiedenen Behörden.

Es war eine recht schöne Zeit, doch irgendwann klopfte meine Seele stärker an, und ich spürte, dass dieses Leben nicht alles sein konnte, wofür ich geboren worden war.

Mit jedem Tag wurde ich gedrückter und trübsinniger. Immer mehr Allergien und Hautprobleme sowie depressive Verstimmungszustände konnte ich an mir beobachten. Außerdem bestand mein Partnerschaftsproblem fort. Ich sah mich jedoch nicht in der Lage, mich zu lösen. Zu fest waren die anerzogenen Muster in mir verankert, wie »man« zu sein habe und dass man sowieso nichts ändern könne und das Leben eben nicht leicht sei.

Meine Odyssee von Arzt zu Arzt begann. Keiner konnte mir helfen. Später begriff ich natürlich, dass meinen gesundheitlichen Themen diverse seelische Konflikte wie Unzufriedenheit im Beruf und Beziehungsprobleme zugrunde lagen. Schließlich kam ich auf Empfehlung meines Arztes in eine Naturheilklinik im Schwarzwald. In dieser Klinik war nun einiges anders für mich: Die Ärzte begegneten mir äußerst verständnisvoll und betrachteten den Menschen ganzheitlich im Zusammenspiel aus Körper, Geist und Seele. Ich erlebte eine Entgiftung, die Ernährungsumstellung zur Vegetarierin, Bachblütentherapie, Homöopathie, psychologische Gespräche sowie Vorträge. Wissbegierig sog ich das für mich neue Wissen auf. Gleichzeitig verursachten die Ausleitungsvorgänge Fieber und Schmerzen. Das Gefühl, innerlich und äußerlich »grundgereinigt« zu werden, war deutlich. Intuitiv wusste ich, dass dieser Prozess notwendig war, um wieder zu mir zu finden. Wochenlang konnte ich nur unter Schmerzen aufstehen, und so lag ich und begann, die Bibel zu lesen, die ich in meinem Nachtkästchen gefunden hatte. Ich dachte nach und weinte oft über all die Dinge, die ich glaubte, falsch gemacht zu haben in meinem Leben. Nun war ich bereit für eine Veränderung.

Diese Phase war ein wichtiger Reifungsprozess für mich, den ich trotz allem nicht missen möchte. Nach vielen Wochen wurde ich aus der Klinik entlassen und fühlte mich sprichwörtlich wie neu geboren. Als ich heimkam, bemerkte mein Umfeld ebenfalls die Veränderung an mir. Endlich schaffte ich es, die langjährige Beziehung zu meinem Freund zu beenden.

Durch das Lesen der Bibel hatte ich meinen Bezug zu Gott wiedergefunden und wusste, dass ich in diesem Vertrauen auf Gottes Kraft und Hilfe wieder vollkommen gesund werden würde. Da ich noch nicht fit genug war, um wieder zu arbeiten, hatte ich weiter reichlich Zeit für mich. Meine Nahrungsmittelallergien bestanden fort, und so lernte ich zu pendeln. Ich testete über das Pendel aus, welche Nahrungsmittel ich zu mir nehmen konnte und auf welche mein Körper allergisch reagierte. Ich erlebte, dass ich anfangs das Pendeln beeinflusste, indem ich so lange pendelte, bis mein gewünschtes Essen bestätigt wurde. Allerdings bekam mir mein Mahl dann nicht sonderlich. Allmählich lernte ich, meine Pendelergebnisse unvoreingenommen und ohne etwas zu wollen anzunehmen und mich danach zu richten. Ich bemerkte, dass es mir damit besser ging und ich immer mehr Lebensmittel vertrug. Ich wurde zunehmend gesünder und lernte dadurch, mehr auf meinen Körper und meine innere Stimme zu hören.

Zu dieser Zeit hatte ich einen guten Arzt und Freund, der schon früh bemerkte, dass ich ein feinfühliges Wesen bin. Er war es, der mich immer wieder ermunterte, den Wunsch einer beruflichen Veränderung in die psychologische Richtung ernst zu nehmen. »Vielleicht solltest du den Heilpraktiker machen«, bekam ich oft von ihm zu hören. Aber trotz der Ermunterung glaubte ich nicht daran, dass ich es schaffen würde, eine völlig neue berufliche Richtung einzuschlagen. Psychologie zu studieren, dafür war es zu spät, und vom Beruf des Heilpraktikers hatte ich damals ein falsches Bild.

Beharrlich betete ich zu Gott und seinen Engeln, sie mögen mir den rechten Weg zeigen. Auffällig häufig begegnete ich daraufhin Menschen, die sich in einer ähnlichen Situation befanden wie ich, die ebenfalls Krankheiten überwunden hatten oder die spirituell ausgerichtet waren. Über diese sogenannten »Zufälle« landete ich in einem Seminar von Tom Johanson, einem bekannten englischen Heiler. Mein Herz schlug bis zum Hals, als ich mit ihm ein persönliches Gespräch suchte. Warum wurde ich nicht gesund, obwohl ich doch so viel Liebe in mir spürte und den Wunsch, Menschen zu helfen und zu heilen? Wie könnte ich der Erfüllung dieses Wunsches näherkommen? Das waren damals meine Fragen an ihn gewesen. Ich erlebte eine Fernheilung durch Tom Johanson und hatte kurz darauf einen Traum, in dem er mir erschien. Er lächelte im Traum und gab mir ein Zeichen: Er zeigte mir einen Stab mit einer Schlange darum. Es dauerte ein bisschen, bis ich diesen Hinweis als Einladung, die Heilpraktikerprüfung abzulegen oder als Heilerin zu arbeiten, zu deuten wusste. Es war der Äskulapstab, das Symbol der Heilerzunft.

Ich bin sehr dankbar, dass Tom weiterhin oft bei mir ist, wenn ich heilerisch arbeite, obwohl er mittlerweile die Dimensionen gewechselt hat.

Weitere Jahre vergingen, in denen ich auf meinem Weg geführt wurde. In dieser Zeit begann ich zu meditieren. War ich zuvor recht labil und meist lustlos gewesen, so stellte ich nun fest, dass ich durch tägliches Meditieren stabiler wurde und einen Zugang zur Freude in mir fand. Irgendwann begann ich, Gegenstände oder Pflanzen intensiv zu betrachten und stellte einen hellen Rand um sie herum fest. Meine Wahrnehmung verfeinerte sich zunehmend. Bei Freunden spürte ich oft sofort, wenn es ihnen nicht gut ging, und ertastete ihr Energiefeld mit meinen Händen. Erst viel später erfuhr ich aus Büchern, als eine Art Bestätigung, dass es um den physischen Körper des Menschen, und nicht nur um den des Menschen, ein Energiefeld gibt, das Hellsichtige oder Hellfühlige sehen beziehungsweise spüren können.

Ein Erlebnis ist mir in lebhafter Erinnerung: Ich kam nach einer längeren Autofahrt nach einem Wanderurlaub erschöpft zu Hause an und ließ mich in einen Sessel fallen. Sofort sank ich in einen tiefen Zustand von Entspannung. Auf einmal wurde das Zimmer wie von Licht durchflutet immer heller, und ich hörte eine Stimme, die zu mir sprach: »Ab jetzt und heute hast du die Heilerfähigkeit.« Ich spürte, wie mein ganzer Körper, besonders meine Hände, zu kribbeln begann. Dann war alles wieder ganz normal. Erst führte ich das Erlebte auf meine Übermüdung zurück. Doch später bestätigte sich die Aussage, die ich so deutlich vernommen hatte. Seit dieser Zeit spüre ich tatsächlich noch mehr in meinen Händen, wenn ich Menschen berühre. Solche intensiven Erlebnisse, so sehe ich es heute, sind Geschenke.

Es brach eine Zeit an, die viel Disziplin von mir forderte, da ich immer noch nicht meiner früheren Beschäftigung im Büro nachgehen konnte. Jeder, der schon einmal längere Zeit krank war, weiß, was es heißt, »fleißiger« sein zu wollen, als man kann. Nun, ich begann, mir einen geregelten Tagesablauf zu gestalten, um nicht in Depressionen oder ein Suchtverhalten zu verfallen. Ich stand jeden Tag frühmorgens auf und meditierte. Darauf folgten die Übungen der Fünf Tibeter, durch die ich erlebte, dass es ebenso wichtig ist, den Körper wie die Seele zu kräftigten. Ich begann, mir selbst Bachblütenmischungen zu fertigen, um meine weiterhin schwankenden Gemütszustände zu harmonisieren. Ebenso wichtig waren für mich eine neue Achtsamkeit für meine Gedanken und die Gebete zu Gott und den Engeln. Ich stellte fest, welch enorme Negativprogrammierungen ich doch im Laufe der Jahre gespeichert hatte, und versorgte mich mit guter Lektüre über positives Denken. Daraus erarbeitete ich mir Sätze, die speziell für mich richtig waren, um meine unzuträglichen Glaubenssätze, wie zum Beispiel »Ich kann das nicht«, »Ich will nicht mehr«, »Ich traue mich nicht«, »Ich bin nicht wertvoll« etc., zu verändern. Jeden Tag schrieb ich mir ganze Karteikarten voll mit positiven Sätzen, die ich mir regelmäßig bewusst vorsagte. Sätze wie »Ich bin vollkommene Gesundheit« und »Ich vertraue darauf, dass ich jeden Tag mehr Freude lebe« waren an der Tagesordnung. Langsam brachten die neuen Affirmationen Erfolg. Heute erkenne ich, dass im Sinne des Mitschöpferseins das klassische positive Denken erweitert werden darf um die fühlende Herzqualität. Dazu werden Sie in diesem Buch Näheres erfahren können.

All diese Aspekte zusammen haben wohl zu meiner Stärkung, Verwandlung und Heilung beigetragen. Das Wichtigste in all der Zeit waren jedoch das Beten und mein Vertrauen, das mich selbst bei Rückschlägen nicht aufgeben ließ. Das Gefühl, geführt und nicht allein zu sein, war sehr stark geworden.

Ich nahm meine Arbeit wieder auf und merkte bald, dass diese Tätigkeit für mich nicht mehr stimmig war. Zu viel war in meinem Bewusstsein geschehen. Neues trat in mein Leben. Und ich kam weiter mit der heilenden Kraft in mir in Berührung. Zum Beispiel verspürte ich einmal bei einer Freundin, die an Magenschmerzen litt, den starken Drang, meine Hand auf ihren Bauch zu legen. Sofort sagte sie: »Mein Magen wird ganz warm, fast heiß.« Innerhalb kurzer Zeit waren die Beschwerden tatsächlich verschwunden. Ähnliche Erlebnisse häuften sich mit Freunden und Bekannten. Anfangs befremdet, gewöhnte ich mich langsam an dieses Phänomen. Heute kenne ich die Erklärung dafür: Das Aufeinandertreffen von gesunder und »kranker« Schwingung bewirkt eine Umwandlung im geschwächten oder disharmonischen Feld in eine höhere Frequenz. Eines Tages setzte ich meinen Traum, Heilpraktikerin zu werden, in die Tat um. Jeden Morgen stand ich dazu um sechs Uhr auf und studierte vor der Büroarbeit, dasselbe machte ich abends wieder, oft bis spät in die Nacht hinein. Nach wenigen Jahren hatte ich die Heilpraktikerprüfung bestanden.

Ich bedankte mich bei Gott und seinen Engeln und freute mich wie ein Kind, hatte ich doch jetzt die Möglichkeit, Menschen durch meine Erfahrungen, meine Hände und mein Wissen zu helfen. Zunächst behandelte ich viele Freunde und Bekannte mit der mir mittlerweile sehr vertrauten Bachblütentherapie und allmählich außerdem mit Energiearbeit an den sieben Energiezentren der Aura.[1] Positive Rückmeldungen meiner Bekannten über rasche Linderung ließen auf Empfehlung andere Menschen in meine Praxis finden. Werbung war kaum nötig, meine »Erfolge« sprachen sich herum. Ich spürte jeden Morgen beim Aufstehen Freude – auch beim Gedanken an meine Patienten. Als die Patienten so zahlreich zu mir kamen, dass ich keine Zeit mehr hatte, ins Büro zu gehen, kündigte ich meine sichere Stelle bei der Stadt. All diese Entscheidungen habe ich stets für mich alleine gefällt, denn etliche Menschen in meinem Umfeld waren noch recht vom »Sicherheitsdenken« geprägt. Ich selbst habe erst durch das Leid gelernt zu vertrauen und erlebt, dass es immer wieder weitergeht, wenn wir bereit sind, uns an unsere Verbindung mit dem Göttlichen zu erinnern und auf unsere innere Stimme hören.

Es gab eine Phase des Zweifels, ob ich mit meiner Energiearbeit »alles richtig« machte. Just in diesem Moment bekam ich die Möglichkeit, für eine kurze Zeit in einem englischen Heilerzentrum mitzuarbeiten, und ich durfte erleben, dass ich intuitiv all das in meiner Praxis bereits tat, was in England gelehrt wurde. Noch heute höre ich die Worte des dortigen Chief Healers: »Do it in

---

1) Eine Übersicht über die Hauptenergiezentren des menschlichen Energiefeldes, die sogenannten Chakren, finden Sie im Anhang.

your own way, it is the right way.« Acht Jahre arbeitete ich in meiner Praxis in Regensburg und bereute es keinen Tag. Dabei hat sich meine Arbeit ständig verändert und entwickelt, wie ich mich selbst auch. Mit der Zeit konnte ich alle Chakren und Energiefelder sehen, die ich zuvor lediglich gespürt hatte. Jetzt erinnerte ich mich, dass ich als Kind wohl bereits feinstoffliche Energie wahrgenommen hatte, beispielsweise bei unserem Hund, worüber ich nie mit jemandem gesprochen hatte. Heute sehe ich deutlich die Chakren und Blockaden der Patienten im Energiefeld. Allein durch das begleitende Gespräch und die Bewusstmachung über die hinter den Blockaden stehenden Themen, die ich dem Klienten über die Durchgaben der Engel vermitteln darf, geschieht häufig bereits eine sichtbare Veränderung in der Aura. In Anbindung an die Göttliche Quelle, die Erzengel, Jesus Christus und seit ein paar Jahren zudem die Elohim lasse ich mich in den Sitzungen absolut leiten.

Die Zusammenarbeit mit der geistigen Welt ist, so empfinde ich es, eine beglückende, tröstliche, bereichernde - und darüber hinaus mitunter eine fordernde. Wiederholt bin ich von meinen Engeln zum nächsten Schritt, zur nächsten Stufe, zur nächsten Aufgabe geführt worden. So wurde mir gezeigt, als es an der Zeit war, meinen Wohn- und Arbeitsort von Regensburg nach München zu verlegen. Genauso folgte ich meiner Göttlichen Führung, als sie mich als Kanal und Medium für die Herstellung geistiger Essenzen nutzen wollte, die heute unter dem Namen COSMO-MEDITERRA LIGHT FOR LIFE-ESSENCES bekannt sind. Das Sortiment ist inzwischen auf über 300 Essenzen angewachsen. Als Nächstes wurde mir aufgetragen, ein erstes Buch über meine Art der Energiearbeit sowie über die Essenzen zu veröffentlichen. Mit Hilfe der Engel wurde auch dieses Projekt erfolgreich umgesetzt, so dass die Informationen aus der geistigen Welt zu den Menschen gelangen konnten. Außerdem sollte ich Meditations-CDs aufnehmen, um den Menschen eine Möglichkeit zu geben, nach innen in die Stille und in ihr Herz zu gehen.

Alsbald hieß es, ich solle eine Schule gründen, was für mich anfänglich ein ungeheuerliches Unterfangen darstellte. »Nenne sie ›Zeitgeist - die neue Schule für Auratherapie und energetische Heilweisen‹«, wurde mir gesagt. Und wiederum hat sich alles so wunderbar gefügt, dass ich tatsächlich in den Jahren 2003 bis 2011 erfolgreich die erste Schule für Auratherapie in München führte. Neben den Einzelsitzungen in Auratherapie bot ich eineinhalbjährige Ausbildungen an, aus der mehr als 100 Auratherapeutinnen und -therapeuten hervorgegangen sind. Manche von ihnen sind mittlerweile selbst beratend oder heilerisch tätig.

Als ich mich - wieder einmal - recht gut eingerichtet hatte mit diesem Leben und Arbeiten und dachte, meine Form gefunden zu haben, führten mich die Engel den nächsten Schritt weiter: Von nun an sollte ich Fortbildungen geben, zunächst sogenannte Wahrnehmungsschulungen, später die besonders intensive Transformationsschulung, die die Menschen näher an ihre Lebensaufgabe heranführen möchte. Noch etwas später folgte die Innere-Kind-Arbeit sowie Lichtarbeiter- und Heilerschulungen. Eine neue und entscheidende Ausweitung meines Tätigkeitsfelds begann 2009 mit einer Erdheilungsschulung. »Du bist Heilerin von Mensch UND Erde«, wurde mir dazu gesagt. Die Zeit sei reif für globale Heilmaßnahmen. »Mensch und Erde sind aufs Innigste verbunden und können nur gemeinsam in die neue Zeit, in die neue Dimension gehen.« Welch wundervolle Erfahrungen durfte ich mit der Natur, den Naturwesen und mit naturliebenden Menschen machen, die sich mit mir auf diese Entdeckungsreise begaben, um die Natur neu zu erspüren, zu achten und Ungleichgewichte zu harmonisieren. Die Engel möchten uns leiten, damit alle drei Ebenen, die himmlische, die ätherisch-irdische und die menschliche, sich gegenseitig unterstützen. Hinzu kamen in der Folge Karmaseminare für persönliche und kollektive Karmaauflösung, sogar Anleitungen der geistigen Welt zur Länderkarmaerlösung und einiges mehr.

2011 wurde mir zudem ein Ortswechsel angekündigt und eine Umwandlung der Schule durch veränderte Schwerpunkte. Und tatsächlich hat mein Umzug aus München an den herrlichen Starnberger See reibungslos geklappt. Unter dem Namen ZeitgeistSeminare biete ich weiterhin vielfältige medial übermittelte Kurse an. Die letzten Neuerungen sind spezielle Einweihungsseminare für Lichtarbeiter, die tiefgehenden Elohimseminare sowie seit Herbst 2013 die Heart&SoulWise-Trainerausbildung, eine ganzheitliche Lebensschule und spirituelle Managementberaterausbildung.

Doch mir wurden bereits neue Themen genannt. So viele Informationen und Hilfestellungen hält die geistige Welt - besonders die kraftvollen Elohim - für uns noch bereit. Sie möchten uns in dieser besonderen Zeit darin unterstützen, die lichtvollen Wesen zu werden, die wir sind, und gleichzeitig mit beiden Beinen auf dem Boden zu stehen - hier auf unserer geliebten Mutter Erde, um mit ihr gemeinsam den Wandel herbeizuführen, den wir uns wohl alle ersehnen, für eine bessere Welt, in der Frieden und Freude herrschen, in der freie Entfaltung und Kreativität möglich sind und ein erfülltes Leben im Einklang mit der Natur um und in uns.

Mein Weg mit Gottes Führung bleibt spannend ...

Ich wünsche mir, dass meine Geschichte Mut macht. Liebe Leserin, lieber Leser, seien Sie sich gewiss, dass auch Sie von (meist für uns noch) unsichtbaren Göttlichen Engelwesen geführt und geleitet sind. Sie sind für Sie da, wenn Sie sie rufen. In einer Zeit des Umbruchs und der Veränderung wie der unseren wünsche ich allen Lesern: Mögen die Engel bei euch sein!

2.2 Dank an die Erzengelkräfte und Kontakt zu den Elohim

Ein besonderes Anliegen ist es mir, meinen großen Dank an Erzengel Raphael, den Heiler Gottes, und die anderen Erzengelkräfte auszusprechen, die mich über so viele Jahre begleitet, geführt und geschult haben. Seit Beginn meiner spirituellen Ausrichtung war es Raphael, den ich spüren und wahrnehmen konnte als grünlich-weiße Präsenz und liebevolle, klare Heilenergie. Er beantwortet geduldig und klar all meine Fragen und leitete die Einzelsitzungen in Auratherapie und übermittelte mir Antworten, Bilder und Impulse für die hilfesuchenden Menschen.

Die Erzengelkräfte sind weiter für uns da, um uns in unserer Heilarbeit, unserer persönlichen Weiterentwicklung und bei unserer Verbindung zur Göttlichen Quelle zu unterstützen. Auch in meiner Arbeit ist Erzengel Raphael nach wie vor präsent, sobald es sich um Heilungsthemen handelt. Ich danke aus tiefstem Herzen für all die Liebe, achtsame Unterweisung und Hilfestellung, die ich durch die Erzengel erfahren durfte.

Da ich diese Verbindung zu Erzengel Raphael und auch Erzengel Michael und Uriel und den anderen Erzengeln so schätze und lieb gewonnen habe, war es für mich umso überraschender und anfangs »gewöhnungsbedürftig«, dass mich Raphael vor etwas über fünf Jahren zu einem »neuen Engel« führte.

Er stellte ihn mir als Elias vor, ein lichtvoller, durch und durch weißer und leuchtender, großer Engel mit einer weisen, vertrauensvollen und gütigen Ausstrahlung. Für mich begann damit eine neue »Trainingsphase«. Heute verstehe ich, dass es notwendig war, mein gesamtes System an die höhere Schwingungsfrequenz anzupassen. Ich erlebte immer wieder eine Anhebung, hinauf in wahrhaft schwindelerregende Höhen. Elias, der neue Engel an meiner Seite, führte mich auf eine lichte Ebene. Ich nahm diesen Prozess wie ein Fahrstuhlgefühl nach oben wahr. Dieser Vorgang wiederholt sich seitdem immer wieder. In der Anfangsphase kam ich in einem lichtdurchfluteten großen weißen Raum an, dessen reine und friedliche Energie sich für mich wie ein Bad in reiner Liebe, Klarheit und Wahrhaftigkeit anfühlte. Ich konnte mich selbst hier oben wahrnehmen.

Hier stellte mir Elias sechs weitere große, weiße Engel vor. Sie hatten in meiner Wahrnehmung ungefähr die gleiche Statur und weiße, leuchtende Ausstrahlung wie Elias und unterschieden sich doch in gewissen Nuancen. Zum ersten Mal hörte ich innerlich oder las das Wort »Elohim«, das mir bis dato unbekannt war. Später las ich nach und erkannte darin ein hebräisches Wort aus der Bibel, das für die Schöpferkräfte oder Schöpferengel Gottes stand. Als ich bei Elias nachfragte, bestätigte er mir mit einem bestimmten Lächeln, dass sie sieben Elohim seien - und auch er einer von ihnen. Sein Name sei auch »Elohim der Gnade«. Ich war voller Freude und auch Ehrfurcht und ein wenig neugierig auf diese neue Ebene der Lichtfrequenzen ...

Zur Eingewöhnung erlebte ich von den Elohim ein kleines »Anpassungsprogramm«, welches in den nächsten Wochen und Monaten mit geringen Abweichungen stets gleich verlaufen sollte: In dem lichten Raum der Elohim angekommen, legten sie mich auf eine Liege, wie eine Gesundheitsliege in einem Behandlungsraum. Dort rieben sie mir zumeist meine Füße mit einem grünen Balsam ein, um mich mehr in dieser Frequenz zu »verwurzeln«. Häufig wurde zudem mein Herzchakra bearbeitet, geweitet und gelockert, um mich aufnahmebereiter für diese hohe Liebesschwingung zu machen.

Alsdann schulten die Elohim meine Wahrnehmungsfähigkeit, indem sie sprichwörtlich kleine Tests mit mir durchführten. Beispielsweise schrieben sie Worte an eine weiße Tafel in diesem ohnehin weißen, lichtdurchströmten Raum und ließen sie mich vorlesen. Eines Tages sah ich, wie einer der Elohimengel vor mich hintrat und seinen Arm ausstreckte. Aus einem seiner Finger wurde auf einmal ein weißer Lichtstrahl ausgesendet, wie ein Laser, mit dem er auf der Tafel in einer Lichtschrift zu schreiben begann. Ich war fasziniert und bereit, durch all diese Übungen Schritt für Schritt mitzugehen und so ganz »nebenbei« bereits erste wertvolle Übermittlungen der Elohim zu notieren.

Der Ablauf wiederholte sich viele Male: die Anhebung oder das Abholen, die Bearbeitung auf der Liege, die Tests an der Tafel ... Häufig wurde mir die Schwingung fast ein wenig zu viel, was ich in Form von leichter Übelkeit, Kopfdruck oder Schwindel spürte. Doch dann wurde ich in aller Eile von den Engeln wieder behutsam zurückgebracht.

Allmählich bekam ich Durchgaben zu den Seminaren meiner Schule, die ja ganz normal weiterlief, wobei diese Durchgaben nun mehr und mehr von den Elohim kamen, nicht mehr allein von Erzengel Raphael. Offenbar ging es jetzt um ein Wissen, das für eine globalere Verbreitung gedacht war, als ein Beitrag zur Heilung der Welt. So entstanden ein Seminar zum Thema »Heilen von Beziehungen«, ein Telepathieseminar, ein Mitschöpferseminar, eine Transformations- und später eine Intuitionsschulung und so weiter.

Durch die Anwesenheit der Elohim in meinem Leben und in den Seminaren veränderte sich die Energie oder Qualität der Seminare und Sitzungen. Die individuellen Übermittlungen für die Teilnehmer in den Einzelbearbeitungsrunden wurden klarer und direkter. Immer wieder geschah es nun, dass sich auch wahrscheinliche Entwicklungen in der Zukunft oder etwas von den persönlichen Gaben des Einzelnen offenbarten. Wieder und wieder wurde ich von Bestätigungen der Teilnehmer überrascht und durch sie bestärkt. Auch für mein eigenes Leben und für globale Entwicklungen wurden mir nach und nach »Filmausschnitte« gezeigt, so wie ich zuvor lediglich in die Vergangenheit hatte sehen können. Gegen das Wort »Visionärin«, das mir die Elohim dazu ins Ohr flüsterten, sträubte ich mich noch, doch nahm ich meine neue Aufgabe als getreue Dienerin der Göttlichen Welt natürlich an und suchte nach achtsamen Formen, sie in mein Leben und meine Arbeit zu integrieren.

Parallel dazu ermutigten mich die Elohim, das Kernstück meiner damaligen Seminartätigkeit, die Innere-Kind-Arbeit, in Buchform und damit weiter in die Verbreitung zu bringen. Auch hier führten sie mich sozusagen vom Vorwort bis zur Veröffentlichung. Ganz nebenbei fast vollzog sich auf wundersam leichte Weise mein privater Umzug aus der Stadt München hinaus ins wunderschöne Fünfseenland, an einen Ort, der mehr mit der Natur verbunden ist und mir viel Ruhe und Kraft schenkt in meinem dynamischen Alltag. Auch hierfür bin ich den Elohim von Herzen dankbar.

Ein besonders erhebender Moment war es, als die sieben Elohim begannen, sich mir einzeln vorzustellen mit ihren Eigenschaften und Aufgaben für uns Menschen. Bis dahin war mir nicht bewusst, dass diese Engel spezifische Aufgaben haben und eine besondere Rolle in unserer Zeit spielen. Sie sind zurückgekehrt in einem entscheidenden Augenblick der Menschheitsgeschichte, wo wir die Chance haben, uns an unser Mitschöpfertum und unsere Verbindung zur Göttlichen Quelle zu erinnern, um eine neue Welt zu erschaffen - mit Hilfe der Schöpferkräfte oder Schöpferstrahlen, wie sie die Elohim für uns darstellen und zugänglich machen.

Meine Schulungen mit den Elohim liefen weiter, und ich notierte mir, was sie mir über sich selbst mitteilten. Eines Tages hieß es dazu, dass ich ein Seminar über sie selbst, ein Elohimseminar, anbieten solle. Anfänglich war ich etwas skeptisch. Würden sich die Menschen wirklich für Elohimengel interessieren? Was hätte es für einen Sinn und Zweck für die Menschen?

Ein Mal mehr wurde ich überrascht und nahm dankbar und ehrfürchtig entgegen, was mir gegeben wurde. Die Übermittlungen entpuppten sich als erstaunlich konkrete Hilfestellungen und ein Freilegen unseres wahren Wesens, während wir die sieben Qualitäten der Elohim für uns erspüren und erbitten lernten. Sehr bald schon ließen mich die Elohim wissen, dass diese Inhalte zügig zu noch mehr Menschen finden sollten, und trugen mir auf, mit einem Buch über sie zu beginnen. Ich kam dem gerne nach. Im Sommer 2013 schickten mich die Elohim sogar eine Woche in den Urlaub auf eine Insel in eine entlegene Bucht, um mich ganz dem Schreiben, Meditieren und dem Dialog mit den Elohim widmen zu können. Welch segensreiche, erhellende Woche! Das Ergebnis ist das Kernstück dieses Buches (Kapitel 3), das Sie in Händen halten.

Tief erfüllt bin ich von Dankbarkeit für die Elohim, und ich bin voll neugieriger Vorfreude, was sie weiter für uns bereithalten an Gnade, Unterstützung und Geleit in unserer sicherlich herausfordernden Zeit. Heute bin ich in tiefem Vertrauen und weiß mich geführt und geschützt. Diese Gewissheit ist es zuvorderst, die ich Ihnen gerne vermitteln möchte. Seien Sie getrost und gewahr, dass alles aufs Beste gefügt ist, sobald wir uns diesem Fluss des Lebens, der Weisheit unserer Seele und des Göttlichen anvertrauen. Die Elohim möchten, dass wir Menschen über das Wissen, das sie uns geben, mehr und mehr in dieses tragende Gefühl des Geführt- und Geschützseins gehen.

Schließen möchte ich das Kapitel mit der Perspektive der Elohim: »Wir Elohim brauchen ein klares Medium, das unverfälscht alle Angaben von unserer Ebene direkt zu den Menschen bringt.

Nur weil sie vorbereitet wurde, unsere hohen Schwingungen auszuhalten und verschiedene Schwingungen kombinieren zu können, ist dies für Ingrid Theresia möglich und wir danken ihr dafür. Dafür hat sie mit uns einige Trainings im spirituellen und im weltlichen Bereich durchlaufen. Die Verbindung zwischen uns und Ingrid Theresia ist etwas Besonderes. Es gibt nicht viele Medien, die so sauber und gewissenhaft arbeiten wie sie.«

Der Elohim der Gnade spricht: »Ingrid Theresia ist Elohim-Medium und geführt von einer Gruppe der Schöpferengel, die die Aufgabe haben, die Urnormform der Göttlichen Erinnerung im Menschen zu bewahren und zu erwecken und den Menschen zu helfen aufzuwachen. Ingrid Theresia soll alles, was wir ihr geben, weitersagen. Sie ist beauftragt, dies zu tun, da sie vor langer Zeit trainiert und geschult worden ist für die Aufgabe, Gottes Wort zu verkünden beziehungsweise die Menschen an die Wahrheit zu erinnern. Wahrheit ist Wahrhaftigkeit in allem Sein. Es geht darum, die gesunde Wahrheitsform in allem wiederherzustellen. Wir geben euch ein Bild dafür: Wenn eine Zelle krank ist, kann sie alle anderen umliegenden Zellen in dem Organismus anstecken. Daher ist es wichtig, dass kranke Zellen wieder an die Gesundheit und das Heilsein erinnert werden im Ganzen, damit das Ganze wieder heil wird und ist. Ende.

Ich, der Elohim der Gnade, leite und führe Ingrid Theresia, um die Schwingungen von allen Schöpferengeln für sie anzupassen. Die Übermittlungen, die wir ihr als Medium für die Menschen zugänglich machen, entstehen in einer höheren Schwingung als bei einem üblichen medialen ›Übermittlungstransport‹. Wir Schöpferengel haben die Präsenz der Göttlichen Schöpferkraft zum Ausdruck zu bringen. Diese Kraft ist sehr hochfrequent und für eure Körper nicht dauerhaft zuträglich und zugänglich beziehungsweise haltbar, da der menschliche Körper zum Überleben eine andere Frequenz benötigt – so wie das Augenlicht nicht dauerhaft von 300 Watt bestrahlt werden kann. Deshalb wurde Ingrid Theresia längere Zeit vorbereitet, um in den Kontakt mit uns treten zu können beziehungsweise wir mit ihr und um ihr Übermittlungsfeld aufrechterhalten zu können. Nicht jedes Medium ist geeignet dafür und gewillt, dies zu tun.«

3. Die Elohim stellen sich vor – sieben Aspekte der Schöpferkraft und wie sie uns unterstützen können

3.1 Allgemeines zu den Aufgaben der Elohim

Elohim ist hebräisch und heißt »Gott, Götter«. Es sind die Helfer der ersten Schöpfungsimpulse. Sie führen die »Gedanken Gottes« aus. Ich nehme sie als große, weiße Engelmächte wahr.

Zusammengefasst sind die Aufgaben der Elohim: Transformation, Heilung und Neustrukturierung der Erde zur Wiederherstellung paradiesischer Zustände.

Vor ihrer Präsentation in diesem Buch sprechen die Elohim direkt zu uns:

»Die Zeitenwende braucht das Durchdrungensein der Materie von der Göttlichen Allmacht oder Schöpferkraft. Wir Schöpferengel sind global zuständig für die Harmonisierung, die Wiederherstellung und Aufrechterhaltung der Göttlichen Matrix sowie das Aufwecken und Wiedererinnern der Menschen an ihre Verbindung mit der Göttlichen Wahrhaftigkeitsquelle.

Wir sind gekommen, um euch in dieser Zeit zu unterstützen und euch begreiflich zu machen, dass ihr Kinder eures, unseres Schöpfers seid und somit Informationsträger allen Wissens darüber, was Schöpferkraft, Erschaffung in sich birgt.

Wenn wir euch lehren, euch an eure Gaben beziehungsweise Aufgaben zu erinnern, für die ihr hierhergekommen seid, und wenn wir euch daran erinnern, was ihr könnt und als Lichtbringer/Lichtarbeiter und Mitschöpfer für die globale Weltveränderung tun könnt, seid ihr bereits in der Erschaffungsenergie und in der Verbindung zur wahrhaftigen Quelle und öffnet euch für neue Möglichkeiten.

Über den Ausdruck und die Kraft eurer Herzfrequenz, eurer Begeisterung, Freude und Liebe bringt ihr euch ein. Wir wünschen uns sehr, dass ihr alle, die ihr dies lest, begreift, wie wichtig euer Erwachen und Erinnern und euer Mitschöpfertum sind. Wir sind gekommen, um euch dabei zu helfen. In voller Liebe und Segnung stehen wir euch allen zur Verfügung. Glaubet, dass ihr Göttliche Kinder, Abkömmlinge, Sprösslinge, Sprossen vom Ganzen seid.«

Die Elohimkräfte zeigen sich mir in sieben Grundqualitäten, die sich in meiner inneren Schau durch eine unterschiedliche Gestalt und Lichtstrahlung auszeichnen. In der täglichen Arbeit mit den Elohim bei der Meditation, in Seminaren, in Sitzungen und bei der Heilarbeit lerne ich die Elohim immer besser kennen, und ich lerne, ihr Göttliches Angebot an uns Menschen für vielfältige Zwecke zu nutzen. Je mehr ich mit ihnen zusammenwirke und von ihnen belehrt werde, desto freudiger und demütiger nehme ich ihr großes Geschenk der Unterstützung und Mitschöpferaktivierung an.

Auf den folgenden Seiten möchte ich Ihnen, liebe Leserin, lieber Leser, die sieben Elohim *einzeln vorstellen*, getreu meiner Wahrnehmung und der Übermittlungen. Wichtig ist natürlich, was Sie selbst wahrnehmen. Spüren Sie ganz bewusst, wenn Sie mögen, was Sie bei den Beschreibungen und Durchgaben empfinden oder welche Impulse Sie bekommen und ob Sie sich womöglich von einem der Elohim besonders angesprochen fühlen.

Die Elohim sagen: »Wir geben uns euch gerne zu erkennen, weil ihr uns erkennen wollt.« So haben sie sich bereit erklärt, sich mir für dieses Buch einzeln vorzustellen mit ihren Bedeutungen, Aufgaben für die Erde und uns Menschen sowie mit ihren spezifischen Qualitäten und Weisen der Anrufung. Die aufgeführten Gebetsvarianten und Formen der Zusammenarbeit sind allerdings nur erste Anregungen, von denen mir die Elohim sagten, dass es wichtig sei, sie zu Papier und damit in die Materie, zu den Menschen zu bringen. Ich bin mir sicher, dass Sie bei der Lektüre Ihre eigenen Impulse bekommen werden, welch vielfältige Möglichkeiten des irdisch-himmlischen Zusammenwirkens uns auf segensreiche Weise durch die Elohim eröffnet werden.

Und ich lade Sie ein, in sich hineinzuspüren, ob möglicherweise ein ganz bestimmter Elohimstrahl sie anspricht. Scheuen Sie sich nicht, diesen dann aus ganzem Herzen selbst anzusprechen, zu rufen und um Unterstützung in Ihrem Leben zu bitten. Kein Gebet aus reinem Herzen bleibt unerhört. Die Elohim werden da sein. Sie sind immer da. Fragen wir uns lieber, ob auch wir ganz »da«, präsent, sind und bereit für diese neue Zusammenarbeit.

3.2 Der Elohim der Liebesbringerenergie

Er heißt auch Elohim der Beziehungsfügungen und der Heilung.

Aufgaben:

Liebesenergieverteilung auf der Erde durch Heilung, Liebe und Segen. Dieser Elohim hilft, dass die richtigen Menschen, privat und geschäftlich, zusammengeführt werden (Erfüllungsenergie), um fruchtbar zusammenzuwirken. Er ist auch der Hüter der Liebe als Heilungsenergie auf der Erde.

Lieber Elohim der Liebesbringerenergie, was sind deine Qualitäten?

»Ich habe die Aufgabe, den Menschen dazu zu verhelfen, dass sie erkennen, dass Liebe allgegenwärtig ist und nicht vergessen wurde. Manche Menschen leben Liebe nur, wenn sie verliebt sind - oder beleidigt sind, weil sie sich zurückgewiesen fühlen und dadurch ein Stillstand entsteht, wo sie sich sehnsuchtsvoll Liebe vorstellen. Das ist vermeintliche Liebe, die man an etwas festmacht und die entzogen werden kann (Liebesentzug). Liebe soll aber frei und ungezwungen sein und im Alltag gezeigt werden dürfen, nicht nur in besonderen Momenten. Liebe beginnt bei sich selbst. Sich wertschätzen, lieben, spüren, im Gegenüber spiegeln, ist etwas Wesentliches und Wichtiges im Miteinander des Menschseins.

Ich bin dazu da, eure Herzen zu öffnen für Begegnungen, die auf beiden Seiten eine weitere Herzöffnung bewirken. Das heißt, wenn ich im Herzen berühre, wird im Realen eine Begegnung mit einem Gegenüber ausgelöst. Ich bin dazu da mitzuhelfen, dass ihr Menschen wieder wechselseitige Liebe, Faszination, gegenseitiges Erkennen und Freude an den gleichen Wellenlängen spürt – ohne

Erwartungen, ohne Besitzdenken, ohne Forderungen. Es geht nicht darum, dass ein Mensch oder eine Situation euch alles geben kann oder dass eingefordert werden kann, was gegeben wurde, sondern um einen spielerischen Umgang. Es geht darum, sich zu öffnen und offen zu bleiben für heilsame Momente des Liebeempfangens und -gebens, für verschiedene Situationen und Menschen.

Wisset ferner, ohne Freude gibt es keine Liebe. Also bleibt in der Freude, damit ihr in dieser Schwingung die Lebendigkeit der Liebesfrequenzen aufnehmen könnt! Seid ihr nicht in der Freude, könnt ihr nicht aufnehmen, ihr blockiert sogar das Annehmen von Liebe.

Weiter helfe ich euch Menschen global, Gleichgesinnten zu begegnen und Netzwerke zu bilden. So könnt ihr Lichtbringer eure eigenen Liebesschwingungen mit meiner hohen Schwingung intensivieren und mit dieser verstärkten Liebeskraft zum weltumspannenden Frieden beitragen.

Ich helfe auch als Hauptqualität mit, Mutter Erde die Liebesfrequenz zuteilwerden zu lassen, die der Schöpferkraft innewohnt. Und ich erinnere die Menschen und alles Sein an die Liebe und dass sie durch Liebe versorgt sind.

Ich sorge dafür, dass Liebe sich ausbreitet, denn wo Liebe ist, ist keine Angst, und wo Angst ist, ist keine Liebe.

Ich möchte den Seelen, die dies lesen und sich erinnern, sagen, dass sie wieder hierhergekommen sind als Lichtarbeiter, Helfer für die neue Zeit, und dass sie, indem sie die Gebete, das Bitten und Segnen in meinem Namen tun, es mit mir tun, Lichtaktivierung, Liebesaktivierung und Verbindung schaffen sowie Liebeswellen über die Erde verteilen.

Ich helfe zum Beispiel Menschen, die gute Dinge verbreiten wollen, wie Musik, Texte, Erfindungen zum Wohle der Welt, Kinderprojekte und so weiter, und die mich bitten, deren Resonanzen zu verstärken.

Es gibt Dinge, die geschehen unbewusst. Doch durch eure Bewusstheit könnt ihr bewusst Mitschöpfer sein, indem ihr euch mit mir verbindet.

Vertraut darauf, dass das neue Gute sich zügig fügen wird, dass also alles neu wird und gut wird, wenn ihr gleichzeitig loslasst. Es ist für euch teilweise ein Gefühlschaos und ein Gefühl wie Achterbahnfahren, da an einem Tag Neues geschieht und am anderen Tag Geschehnisse wie Kündigungen oder Krankheiten oder Verlassenwerden ablaufen. Dieser Wechsel oder dieses Nebeneinander bringt euch jedoch zu positivem Erkennen und zu einem Weitergehen in euren Situationen, beziehungsweise es bringt euch dazu, aufzuräumen und neu zu strukturieren und das neue Gute für euch lebbar zu machen. Helft also mit, indem ihr mich, den Elohim der Liebesbringerenergie, immer wieder um positive Veränderungen in eurem Leben bittet und offen seid für Begegnungen und darum bittet, neuen Menschen zu begegnen, die Begleiter sind und Helfer und mit denen ihr Absprachen getroffen habt für die neue Zeit, also für diese Inkarnation.«

Gebetsmöglichkeiten

Folgende Varianten nennt uns der Elohim der Liebesbringerenergie als Beispiele:

»Ich bitte dich, lieber Elohim der Liebesbringerenergie, um Segen für mich und die Welt und um das Einfließen deiner Liebesenergien aus der Schöpferkraft. Möge sich diese Energie mit meinem Herzen verbinden! Danke. Ich bitte für bestimmte Freunde/Menschen/Begegnungswünsche/Verbreitungsmöglichkeiten oder zum Beispiel für Kontinente und Situationen, wo Liebe fehlt und Kälte herrscht, darum, dass durch meine Verbindung zu dir jetzt Liebe einfließen darf, Wärme, Segen und Frieden.«

* * *

»Mit meinem Göttlichen ICH BIN bitte ich dich, Elohim der Liebesbringerenergie, um Segen für mich und um Liebesfähigkeit sowie um die Aufnahme der Liebesheilfrequenz für mich, so dass ich Liebe, Frieden und Leichtigkeit sein kann und in Freude und Bewusstheit diese Frequenz ausstrahle, auf dass diese Frequenzen als Wellen dorthin gehen mögen, wo es der Liebe bedarf. Ich danke dafür, dass ich mithelfe, mein ICH BIN in Liebe bin.«

* * *

»Ich bin Göttlich und bewusst und offen für die Frequenz der Liebesenergien von dir, Elohim der Liebesbringerenergie. Ich bitte nun die Schöpferkraft um das Einfließen der Schöpferkraft in mich, und als Mitschöpfer bitte ich dich, Elohim der Liebesbringerenergie, um Heilung und Liebe für folgende Situation(en)/Person(en) ... (aufzählen). Ich bitte um eine heile Beziehung für mich ... oder auch global für heile Beziehungen zum Beispiel zwischen Mann und Frau, Mensch und Tier, Mutter und Kind und so weiter.«

Anmerkung: »Eure eigenen Beziehungsfragen und das globale Thema der Beziehungsfähigkeit und des menschlichen Miteinanders hängen eng zusammen. Es ist gesund, euere eigenen Themen zu heilen - in dem Bewusstsein, dass ihr damit einen Beitrag für die Menschen allgemein leistet und umgekehrt. Es geht das eine nicht ohne das andere.«

Gedicht:

Meine Wellen lassen euch Leichtigkeit erfahren.

Meine Wellen machen euch frei.

Meine Wellen bewirken eine Verbindung
untereinander und Frieden in euren Herzen.

Meine Wellen öffnen euch füreinander und für
ein menschliches Sein im Sein.

Und bewahrt euch Achtsamkeit und ein gesundes
Miteinander von Mensch und Tier und Mutter Erde.

Und bewahrt Herzenssicherheit in der Kommunikation,
in der individuellen Ausdrucksform.

Das ist die Wahrheit, die ich form‹, in gesunder Norm.

Das ist die Wahrheit, für die ich stehe und die ich form‹,
und die Göttliche Liebesnorm.

Zeichen und Bilder:

aufgehende Sonne, sich öffnendes Herz

Zugeordnete Prinzipien, Begriffe:

Öffnen, Bewahren, Geben und Nehmen im Ausgleich, Freiheit, Freisein, Freude, Leichtigkeit, Wohlsein, Senden und Empfangen, Wahrheit sein, bedingungs- und grenzenlose Liebe, Unendlichkeit.

Farben:

Einige Menschen nehmen uns Elohim als Licht wahr oder in unterschiedlichen Emotionen, Gefühlsaspekten und manche nehmen uns als Farbstrahlung wahr. Ingrid Theresia nimmt mich (Gefühlswahrnehmung) als große weiße Lichtgestalt oder Lichtfrequenz mit schillernden Regenbogenanklängen, glitzernd, schimmernd wahr. Im Regenbogenkleid. Manche ordnen mich dem magentafarbenen oder rosafarbenen Strahl zu oder haben einen anderen individuellen Farbeindruck.

Abschließende Einladung oder Appell des Elohims der Liebesbringerenergie:

»Die Frequenz der Liebesenergie fehlt auf der Erde enorm, da Ängste, Kontrolle, Getriebensein und das Nicht-im-Fluss-Sein überhandgenommen haben. Die wahre Liebesfrequenz hat dort kaum Raum. Denn Liebe könnt ihr nicht kontrollieren. Und Liebe ist stets das Gegenteil von Angst.

Die Freiheit besteht nun darin, Liebe unmittelbar und nicht planbar einzusetzen und auszustrahlen. Sie fließt nur, wenn Offenheit und Freude und Sicherheit des Herzens gegeben sind. Öffnet euch und lasst Liebe fließen!«

3.3 Der Elohim der Gnade

Er heißt auch Elohim des Trostes, der Umwandlung und der Vereinigung.

Aufgaben:

Gnadenenergie für die Menschen, Göttlicher Trost, Auflösung von Leid und Schwere in allen Lebensbereichen und im Energiefeld.

Lieber Elohim der Gnade, was sind deine Qualitäten?

»Ich, der Elohim der Gnade, habe den Gnadenaspekt zu vertreten, der aus der Göttlichen Schöpferkraft Gnade möglich macht. Ich bin der Strahl, der diese Kraft wie ein Wunder zu Wirkung und Umsetzung bringt. Gnade ist immer etwas Besonderes und hat als Zeitqualität jetzt für die Welt eine große Bedeutung. Leidauflösung ist durch Erkenntnis möglich, durch das ›Er-Leiden‹ und Erfahren oder durch Gnade.

Bittet mich also immer und überall um Gnade für Situationen, in denen ihr nicht mehr weiter- oder keinen Ansatz wisst. Wirkt für die Situation, indem ihr mich um Gnade für das Thema oder die Situation bittet.

Ihr könnt Göttliche Gnade für einfache Situationen erbitten, die euch beschäftigen und nicht schlafen lassen. Meine Hauptaufgabe sehe ich jedoch darin, euch zu lehren, aus eurem Herzen Mitgefühl zu entwickeln für die Welt und für das Leid in der Welt und für das Falschsein oder Falschgelebtsein in der Welt und mich um Gnade zu bitten, damit sich globale Veränderungen verwirklichen können - durch Wunder.

Genauso könnt ihr mich um die Gnade der Erkenntnis und um die Gnade des Vergebens und Verzeihens bitten für Situationen und Personen, aber auch für ganze Völker, zum Beispiel bei Rassismus, Hass, Kriegen oder in festgefahrenen Situationen.

Ebenso gewähre ich Gnade in Ahnenreihen. Ich bin der, der Gnade walten lässt oder gewähren kann, wenn die Erkenntnis und die Bitte um Verzeihen und Vergeben gegeben sind.

Bei Naturkatastrophen sollt ihr mich zusammen mit dem Elohim der Seelenerlösung bitten, da dahinter stets ein Delikt an der Natur steht. In solchen Katastrophen sterben Menschen, deren Seelen Erlösung benötigen (durch den Elohim der Seelenerlösung). Doch auch die Natur wurde ausgebeutet durch menschliches Falschverhalten, das der Energien von Gnade und Vergeben und Verzeihen bedarf (durch mich, den Elohim der Gnade).

Ihr fragt euch vielleicht, was passiert, wenn ich Gnade walten lasse. Es geschieht die Öffnung eines Licht- und Liebespotenzials und ein Berührtsein der Menschen wie bei einem Wunder. Ich bleibe bei diesem Wort.«

Gebetsmöglichkeiten

Bittet mich Folgendes:

»Ich bitte dich, Elohim der Gnade, mit dem Liebesaspekt meiner Herzensenergie um Segen und Gnade für (zum Beispiel) meine Familie, in einer schwierigen Situation (von Disharmonien oder Krankheiten), so dass Öffnung und Offenheit, Vergeben und Verzeihen gewährt werden können und gewährt seien. Ich danke dir, Schöpferengel, für deine Anwesenheit, deine Gnade und das Wunder, das geschehen darf.«

* * *

»Ich bitte dich, Elohim der Gnade, aus dem Liebesaspekt meiner Herzenskraft für das Unglück, von dem ich gerade erfahren habe, um Segen und Gnade von deinem Lichtstrahl, von deiner Schöpferkraft für dieses Ereignis und alle Beteiligten. Mögen Erkenntnis und Vergeben und Verzeihen möglich sein und sich umsetzen! Ich danke für die Heilung, so wie es im Göttlichen Sinn sein darf und wie es jeder annehmen kann. Danke. Amen.«

* * *

Einfachste Variante:

»Lieber Elohim der Gnade, ich bitte dich von ganzem Herzen, mit all meiner Liebe und meinem Mitgefühl für diese Person (die krank ist oder gerade eine schwierige Situation erlebt oder Ähnliches), dass du ihr hilfst, aus Verstrickungen zur eigenen Erkenntnis, zu Heilung und zu Vergebung und Verzeihen zu gelangen. Dies möge geschehen nach deinem Willen. Lass Gnade walten! Meine Liebe aus voller Herzenskraft und Mitschöpferkraft bringe ich mit meinem Gebet an dich zum Ausdruck und ein. Ich danke dafür.«

Anmerkung: »Heilung heißt, sich selbst zu vergeben und anderen zu vergeben. Ohne Vergebung lassen sich Blockaden nicht lösen und Liebe kann nicht fließen, sondern die Fronten verhärten sich. Liebe heilt. Lasst Liebe fließen, indem ihr in die Energie von Verzeihen und Vergeben geht, ganz eintaucht.«

Zeichen und Bilder:

Heimkommen, urteilsfrei, angenommen sein, wie man ist (siehe Gleichnis des verlorenen Sohnes), segnende Hand, Segenszeichen (Hand, Kreuz) in der Christusmatrix

Zugeordnete Prinzipien, Begriffe:

Geborgenheit, Sicherheit, Frieden, Halt, Stärke, väterliche Energie, verstanden sein, getragen sein, versorgt sein, angstfrei

Farben:

Gelb, Licht, kraftvoll. Ingrid Theresia nimmt ihn als väterliche, weiße, große und weite Energie wahr, an die man sich »anlehnen« kann und der man absolut vertraut.

Abschließende Einladung oder Appell des Elohims der Gnade

»Ich, der Elohim der Gnade, bin zuständig für Gnadenerbringung. Mit meiner Strahlung, meiner Frequenz bin ich bereit, alles zu segnen oder in den Segen zu stellen durch euer Gebet, was die Möglichkeit trägt, Segen aufzunehmen. Mir obliegt es, das Licht und die Liebe und die Gnade auch für Situationen zu gewähren, die euch aussichtslos erscheinen, zum Beispiel Katastrophen, Unglücke, Krisen, schwere Krankheiten bei Angehörigen und so weiter. Erbittet meine Hilfe und verbindet euch mit mir, damit sich eure Liebe und der Göttliche Licht-Liebe-Gnadenaspekt verbinden können. Seid absichtslos dabei, auf dass die höhere Kraft fließen möge und kann.

Erkennt andererseits: Nur durch euch als materielle Wesen kann sich der Gnadenaspekt in eurer Welt materialisieren. Ihr seid wie ein Transformator oder Gefäß für uns, um die Göttliche Gnade zu platzieren. Versteht also so euer Mitschöpfertum. Verschiedene Energien geben einander Kraft.

Segen ist immer das Beste von Licht, Liebe und Kraftfrequenz für ein gutes Wohlsein allen Seins.

Die Zeitqualität erfordert, dass die Menschen schneller zur Heilung kommen, ohne viel Leid austragen zu müssen. Die neue Zeit hat das Erwachen als Grundlage und somit mehr Erkenntnisse und Mitschöpfer- und Eigenverantwortung zur Folge. Da diese Energie nun globaler sichtbar wird (Verantwortungsübernahme, weltweite Initiativen und so weiter), geschieht Ausgleich nicht mehr nur in Opfer- und Leidabläufen, sondern ihr erfahrt einen Widerhall Göttlichen Mitschöpferverantwortungsbewusstseins, und Heilung durch Gnade ist schneller möglich.

Euer Mitschöpferbewusstsein ist die Voraussetzung dafür, dass ihr Gnade erbitten könnt. Begreift, dass ihr nicht einem willkürlichen, strafenden Gott ausgeliefert seid, sondern Mitverantwortung für die Heilung und Erschaffung auf Erden habt. Nur aus diesem Bewusstsein heraus könnt ihr annehmen, dass ihr Gnade erbitten und dadurch einen Beitrag leisten könnt.

Erkennt eure Göttliche Grundenergie im Sinne der Christusmatrix an. Sagt euch: »Ich bin Göttlich und wirke auf der Erde.« Dies ist altes Geheimwissen, das euch jetzt wieder zugänglich ist.

Zum Abschluss gibt der Elohim der Gnade uns einen Hinweis und eine Ermutigung zu unserer derzeitigen Umbruchphase: »Die Wahrheit der Veränderung, die ihr aktuell erlebt, bedeutet, dass Altes dem Neuen weichen wird. Und das geschieht ziemlich schnell. Deshalb seid jederzeit auf Veränderungen gefasst und akzeptiert diese. Das Bessere folgt, sobald ihr loslasst. Ende.«

3.4 Der Elohim des Wachstums und der Erschaffung

Er heißt auch Elohim der Erneuerung und Hüter der Erde.

Aufgaben:

Erneuerung gemäß Göttlicher Güte und nach höchstem Wissen, in Weisheit und Dankbarkeit. Dieser Elohim unterstützt unmittelbar und mit Tatkraft das Wachstum und die Erschaffung und Erneuerung auf der Erde. Er unterstützt demütiges, verantwortungsvolles Mitschöpfertum. Ganz besonders liegt ihm eine gesunde Neubegrünung am Herzen, natürlich genfrei.

Lieber Elohim des Wachstums, was sind deine Qualitäten?

»Ich bin der Elohim des Wachstums und habe die Aufgabe, den Menschen zu helfen zurückzufinden zur Grundnormform der Göttlichen Wahrheit, die in jedem Lebewesen, in jeder Zelle als Entfaltungspotenzial wie ein Same vorhanden ist. Die Qualität ist gestört und wird mehr und mehr Probleme machen durch Wellenlängen, die nicht irdisch sind. Hochfrequente Rechner, Mobiltelefone, Mikrowellen/Strahlungen, Störungsanlagen tragen dazu bei, die »Lebendigkeitsstruktur« zu zerstören oder mutieren beziehungsweise entarten (wie Krebsgeschwüre) oder verkümmern zu lassen und Lebensformen in ihrer ursprünglichen Lebendigkeit zu behindern (Zellstörungen). Diese Störfelder sind nicht unerheblich.

Ebenso werden die Sinne beim Menschen hochgradig aktiviert (überreizt/überaktiviert) oder gelähmt/gedämpft oder Stagnation tritt ein. Dies hat zur Folge, dass ihr Menschen verlernt habt, eurem Instinkt und eurer Intuition zu folgen. Ihr werdet immer manipulierbarer bis hin zur Entmenschlichung, zu inhumanem, ja »maschinenartigem« Verhalten, das nicht eurer wahren Natur entspricht.

Ich, der Elohim des Wachstums, sorge dafür, dass gesundes Wachstum in allem Sein wieder möglich ist – einerseits durch die Erkenntnis und Bewusstwerdung, was Wachstum bedeutet (zum Beispiel durch diese Zeilen und euer Nachdenken darüber, was Menschen, Pflanzen und Tiere wirklich für ihr gesundes Gedeihen brauchen), und andererseits durch das Erbitten (mit meiner Hilfe) und Segnen gesunden Wachstums. Segnet alles, was Wachstum benötigt, sei es geistiges, biologisches, pflanzliches Wachstum, sei es das Wachstum der Mutter Erde selbst und so weiter!

Ich fordere euch auf, mich zu Hilfe zu holen und alles zu segnen und um Segen zu bitten für alle Abarten des Wachstum, für alle entgleisten Entwicklungen, alle Stagnationen, die ihr erkennen könnt, für alles unnatürlich gebremste Wachstum. Bittet mich!«

Gebetsmöglichkeiten:

Bittet mich Folgendes:

»Ich bitte dich, Elohim des Wachstums, mit all meiner Liebeskraft und meiner Erkenntnis um Segen für Mutter Erde, um alles Leben an die Göttliche Urnormform zu erinnern und Lichtkraft und Liebesfrequenz dafür zu gewähren. Verbinde dich mit mir. Ich danke dir für den Segen, den du gibst.«

Anmerkung: »Wachstum ist auch Licht aus der Göttlichen Einheit.«

* * *

»Ich bitte dich, Elohim des Wachstums, aus der Liebeskraft meines Herzens und meines ICH-BIN-Bewusstseins, segne (zum Beispiel) diese Pflanze/diese Situation, damit aus Stagnation und Fremdsteuerung oder Fehlsteuerung beziehungsweise aus einem Energiedefizit heile Wachstumsstrukturerinnerung entsteht und gegeben ist. Danke. So sei es und so ist es.«

* * *

Einfache Variante:

»Ich bitte dich, Elohim des Wachstums, um Heilung für ... und um Neustrukturierung zum gesunden Wachstum hin sowie um Erinnerung an die Göttliche Urstruktur, an die Urquelle, an den Ursamen. Ich danke für den Segen und trage meine Liebe dazu bei.«

Zeichen und Bilder:

grünes Blatt

Zugeordnete Prinzipien, Begriffe:

Urgrundschöpferform, Göttliche Grundmatrix, Gedeihen, Samen, Wachstum, Frieden, Segen, Liebe, Entstehen, Erschaffen, Ruhe, regenerierend, neu aufbauend, erschaffend

Farben:

Gold schimmernd. Ingrid Teresia nimmt ihn weich und weiß mit goldenem »Kleid« oder »Umhang« wahr. Seine Energie erinnert sie an Güte, Wissen, Weisheit und Dankbarkeit.

Abschließende Einladung oder Appell des Elohims des Wachstums:

»Ich helfe also gerne mit, die Störungsformen zu durchbrechen und Heilfrequenzwellen der Urnormform in allem Sein zu aktivieren, damit Zerstörungsformen keinen Raum einnehmen, sondern neues lebensförderliches, aufbauendes Wachstum gegeben ist. Indem ihr gesundes Wachstum erbittet und segnet, sendet ihr eine lebensbejahende Frequenz aus. Alles, was in Disharmonie und im Ungleichgewicht ist, geht so über auf die Seite des Aufbauenden.

Sage dir: ›Ich bin ein Mitschöpfer Gottes. Ich sorge für gesundes Wachstum im Einklang mit der Natur und mit den Naturgeistern.‹«

3.5 Der Elohim der Seelenplanerfüllung und der Seelenerlösung

Er heißt auch Elohim des Karmas, der Seelenfindung, der Seelenintegration, der Weisheit und der Heimkehr.

Aufgaben:

Dieser Elohim heilt die Seele. Er wirkt auch für Lebende im Sinne einer Orientierung auf dem individuellen Weg (als Kompass) und im Sinne einer Seelenplanerfüllung. Und er leitet uns zur Heimat, zur Einheit.

»Durch meine Hilfe kannst du an mehreren Orten, in mehreren Zeiten gleichzeitig sein.« Auch dieser Elohim ist hilfreich für die Karmaerlösung.

Lieber Elohim der Seelenplanerfüllung, was sind deine Qualitäten?

»Ich, der Elohim der Seelenplanerfüllung, Seelenerlösung und der Karmabereinigung und Karmabefriedung, bin in der Hauptsache dafür da, um für die neue Zeit einen vorauseilenden Plan zu erfüllen.

Die Menschen erwachen mehr und mehr zu ihrem ICH-BIN-Bewusstsein. Dabei erkennen sie zunehmend, was sie brauchen, was sie wollen und weshalb sie bestimmte Dinge ändern möchten. Sie spüren sich stärker und erkennen immer mehr ihre individuellen Strukturen, ihre Stärken und Schwächen und Charaktereigenschaften. Das bringt sie dazu, Menschen aufzusuchen, die ihnen helfen, ihre bisherigen Verhaltens- und Erfahrungswelten aufzulösen, zu bereinigen und zu verstehen.

Diese Selbstfindungsprozesse laufen schneller und offensichtlicher ab als bisher. Man spricht mehr darüber (zum Beispiel über Kindheitserlebnisse, Verhaltensmuster, Beziehungsthematiken und so weiter). Das ist gut, und durch meine Hilfe wird dieses enorm verstärkt im Sinne einer Befreiung, eines elementaren Lösens alter Strukturen, um der Seele des Menschen den Raum zu geben, über die Selbstfindung zur Selbsterkenntnis sowie zur Berufung und Selbstverwirklichung zu gelangen. Ich leiste also einen maßgeblichen Beitrag, um den einzelnen Menschen ihre Göttliche Größe, innere Schönheit und ihre Gaben bewusst zu machen.

Weiter helfe ich dabei, karmische Verstrickungen und karmische Altlasten beziehungsweise Leben oder Inkarnationen, die Schmerz und Leid hervorgerufen haben, zu erkennen und zu erlösen, da diese Verstrickungen einen Kreislauf von immer wiederkehrenden Problemen verursachen und euch in unerlöster Form daran hindern, zu eurer eigentlichen Größe heranzuwachsen. Auch die durch Erlebnisse verschiedener Inkarnationen entstandenen Ängste oder Vermeidungsstrategien sind euch nicht förderlich und dürfen erlöst werden.

Zudem helfe ich Menschen, die ihr irdisches Kleid ablegen und heimkehren, sich zu erleichtern, so dass weder Schuldgefühle noch Ängste noch andere Altlasten ›mitgeschleppt‹ werden. Das versteht ihr gemeinhin unter Karmavergebung. Ihr sollt wissen, dass der Elohim der Gnade oftmals ebenfalls beim Übergang einer Seele mithilft.

Es ist wichtig zu erkennen, dass das, was ihr Tod nennt, nur ein Dimensionswechsel ist, ein Übergang in eine Form ohne Körper. Der Seelenkern, die Seelenstruktur bleibt gleich.«

Gebetsmöglichkeiten:

»Ich bitte dich, Elohim der Seelenplanerfüllung, aus ganzer Liebe und mit all meiner Herzenskraft um den Segen für mich und meinen Lebensweg. Ich bitte dich um Wegfindung und Führung auf meinem Weg. Segne mich und zeige mir den rechten Weg. Dafür danke ich dir.«

* * *

»Lieber Elohim der Seelenerlösung und des Karmas, ich bitte dich mit all der Kraft meines Herzens um die Auflösung aller Strukturen aus verschiedenen Inkarnationen, die mir dabei hinderlich sind, einen spirituellen Weg, meine Lebensaufgabe und die im Göttlichen Sinn gewünschten Begegnungen zu leben. Ich weiß, dass du mir das Licht und den Segen und die Erlösung geben kannst. Ich bitte dich nun um Segen für meinen Lebensweg sowie alle Menschen und Situationen auf diesem Weg und danke dir dafür.«

* * *

Gebet bei Katastrophen, um Seelen ins Licht zu führen:

»Lieber Elohim der Seelenerlösung, heute bitte ich aus meiner Herzenskraft besonders für dieses schlimme Ereignis, bei dem viele Menschenseelen abrupt, leidvoll und voller Angst hinübergehen, sende ihnen deinen Segen und den Strahl des Lichtes durch deine Helferengel, damit sie den Weg finden, damit sie begleitet, geführt und heimgeführt werden zu Gott, voller Liebe, Segen und Dankbarkeit. Danke. Amen.«

Zeichen und Bilder:

Karmarad (Rad der Wiedergeburt, der wiederkehrenden Seelenqualitäten)

Zugeordnete Prinzipien, Begriffe:

Lebensaufgabefindung, Transparenz der Seelenqualität, Erwachen, Erkennen, Heimkehren, Selbstfindung, Wegfindung, Spiritualität in der Materie leben, Gottfindung, Sein im Sein, Bewusstsein, Göttlich sein

Farben:

Durchscheinend, transparent, milchig, weiche, angehobene Schwingung.

Ingrid Theresia nimmt ihn silbrig-weiß und weich wahr. Den Menschen wird in seiner Präsenz oftmals schwindlig.

Abschließende Einladung oder Appell des Elohims der Seelenplanerfüllung:

»Ich helfe besonders für die neue Zeit mit, dass die Menschenseelen, die sich anheben und mit der neuen Zeit mitgehen, sich schneller ihrer Göttlichen Herkunft gewahr werden und sich somit ihrer Kraft und ihrer Größe und ihrer Gaben bewusster werden und diese zum Einsatz bringen für die neue Qualität der Erde.

Die vielen Menschen, die nicht mitgehen, werden ebenso wenig in Angst und Verwirrung gelassen, sondern unterstützt, um den Übergang leicht zu erleben. Und es wird bei Katastrophen liebevolle Begleitung für die Heimkehr geben.

Sage dir: ›Ich bin in Frieden. Ich bin Einheit. Ich kehre heim. – Möge Frieden in mir und um mich sein.‹«

3.6 Der Elohim der Grundordnung, Klärung und Reinigung

Er heißt auch Elohim der Wahrhaftigkeit und der Harmonie.

Aufgaben:

Dieser Elohim reinigt und klärt auf allen Ebenen. Er hilft, zur Wahrheit und Wahrhaftigkeit zu gelangen und neue Ordnung und Balance herzustellen, wo immer sie gebraucht werden - speziell in der Natur, zum Beispiel als Harmonisierung der Elemente. Dieser Elohim hilft, Klärungs- und Transformationsprozesse einzuleiten und unterstützt sie. Er hat Seraphimenergien und ist für die Himmelrichtungen, Elemente, Winde und für Weisheit zuständig; er hilft wie ein Kompass.

Lieber Elohim der Grundordnung, Klärung und Reinigung, was sind deine Qualitäten?

»Ich bin der Elohim der Grundordnung, Klärung und Reinigung der Welt und von allem, was die Welt ausmacht. Ich bin für euch da, um Klärungs- und Reinigungsprozesse voranzutreiben, wenn altes, abgestandenes Wasser durch neues zu ersetzen ist, da alles im Fluss sein und nicht festgehalten werden soll.

Das größte Thema im derzeitigen falschen Programm eures Lebens ist, dass ihr alles und jeden (in eurem Denken und Tun) festhalten und verstehen wollt. Kontrolle ist aber gegensätzlich zum Fließen. Was wollt ihr denn erreichen, wenn ihr nicht fließen lassen könnt und nur durch euer Ego lebt und euch der heiligen Kraft des Lebensflusses selbst nicht mehr hingeben könnt? Eure Planung, euer Ego, euer Wollen ist so eigenmächtig geworden, dass ihr weit davon entfernt seid, dass Gott, die Schöpferkraft in allem Sein, wirken kann. Planung und kontrolliertes Wachstum bestimmen eure gesamte Weltordnung. Kaum einer versteht mehr die Zyklen und Kreisläufe in der Natur, wie zum Beispiel die Mondzyklen, oder richtet sich gar danach. Alles wird erzwungen oder der Natur abgerungen, zum Beispiel für schnelleres Wachstum.

Beginnt bei euch selbst. Beginnt mit eurem Körper: Versteht und spürt, was geschieht, wenn ihr zum Beispiel den Körper nicht genug im Fluss haltet durch Trinken, Entgiften, Entschlacken oder durch den Ausdruck der Gefühle. Und erkennt die Parallele im Großen: Auch in der Natur gebt ihr den Flüssen nicht mehr ihren natürlichen Raum, ihren natürlichen Flusslauf, sondern ihr bebaut die Küsten der Meere und die Flussufer zu sehr, zwängt die Gewässer in Betonkorsetts, fällt zu viele Bäume, baut zu viele Straßen ... Seht ihr, dass ihr dadurch mit extremen Naturkatastrophen rechnen könnt und müsst? Zur Regulation sucht die Natur Wege des Ausgleichs. Es ist das gleiche Prinzip wie beim Menschen, wenn ihr nach einer zu lange unterdrückten Emotion unkontrollierte Weinkrämpfe erlebt oder durch einen Raubbau an eurem Körper Krankheiten, Vergiftungserscheinungen, Verkalkungen oder Ähnliches erfahrt. In gleicher Weise entstehen im Organismus Natur Disharmonien und heftige Reaktionen.

Ich sorge für Ausgleich, Grundordnung, Klärung und Heilung. Wisset, Heilreaktionen können in der Natur wie auch beim Menschen manchmal heftig und manchmal milder, problemloser verlaufen.

Auch helfe ich euch, euren Geist, eure Gedankenfelder zu klären und zu reinigen. Das kann sich so äußern, dass zum Beispiel Dinge an die Oberfläche kommen, die angesprochen und geklärt werden sollen. Das Prinzip dahinter ist stets das gleiche: fließen lassen statt kontrollieren; in Bewegung bringen und in Bewegung halten statt Stagnation (körperlich, geistig, in der Natur und so weiter). Ich sorge für den Ausgleich, manchmal leicht und harmonisch, manchmal heftig. Das sollt ihr wissen.«

Gebetsmöglichkeiten:

Für Naturkatastrophen wie Unwetter, Stürme, Überschwemmungen, Vulkanausbrüche, Erdbeben:

»Ich bitte dich, lieber Elohim der Grundordnung, aus der vollen Herzenskraft und mit all meiner Liebe um den Segen für die Situation (zum Beispiel bei Überschwemmungen; dazu auch Bitte an den Elohim der Gnade möglich) und um den einfachen Ausgleich und die Harmonisierung zur Ordnung hin, damit Frieden, Klarheit und Balance entstehen und eintreten können.«

Anmerkung: »Dieses Gebet ist ebenfalls anwendbar, wenn in den Medien Angst geschürt wird, womit der Geist global vergiftet werden kann. Bittet um eine Reinigung und Beruhigung eures Geistes.«

* * *

»Ich bitte dich, Elohim der Grundordnung, Klärung und Reinigung, aus meiner Herzenskraft und mit all meiner Liebe, für mich oder andere/Freunde, die derzeit in Depressionen und Leid oder im Opferbewusstsein festhängen oder in sie eingehüllt sind wie in eine Dunstwolke. Bitte bereinige diese ungute Grundstruktur von Freudlosigkeit mit stagnierender Gedankenenergie. Ich bitte für mich (oder eine andere Person) um Freiheit im Geist und um das Angebundensein an freudvolle Lebendigkeit. Danke. Amen.«

Anmerkung: »Dazu auch den Elohim der Gnade bitten.«

* * *

»Von höchster Wichtigkeit ist, dass ihr global für das Wasser bittet:

Ich bitte dich, Elohim der Grundordnung, Klärung und Reinigung, aus meiner Herzenskraft und mit all meiner Liebe um reinstes, klares, sauberes Wasser und um ursprüngliches Wasser zum Leben, zur Heilung und zum Instandhalten allen Seins. Ich bitte um deinen Segen für das Wasser in uns, das Grundwasser, unsere Gewässer und so weiter. Bitte stelle die Grundstruktur und gesunde Grundmatrix des Wassers für alles Leben auf der Welt wieder her und segne sie. Ich danke von ganzem Herzen. So sei es und so ist es.«

Zeichen und Bilder:

Wirbel aus Licht und Luft und Wasser, weißer Lichtstrudel in Bewegung

Farben:

Weiße Kraft in Bewegung, kraftvolles Weiß. Ingrid Theresia sieht den Elohim in Weiß, in ständiger Bewegung. Dieser Elohim ist noch größer und weiter als die übrigen Elohim. Sie nimmt ihn als Hüter und Bewahrer der Erde und Natur wahr.

Zugeordnete Prinzipien, Begriffe:

Weiß, kraftvoll, Klärung, Reinigung, Leben, Grundmatrix, Urkraft, Regeneration, Durchlüften, Wasser in Bewegung halten, Ablagerungen lösen

Abschließende Einladung oder Appell des Elohims der Grundordnung:

»Ich bin sanft, kraftvoll und gewaltig, wenn es darum geht, Formen, die in Disharmonie geraten oder aus dem Gleichgewicht gefallen sind, in eine gesunde Form zu lenken. Deshalb sind Heilreaktionen für euch Menschen und die Erde oft unumgänglich.

Sage dir: ›Ich bin Wahrhaftigkeit.‹«

3.7 Der Elohim der Vollkommenheit

Er heißt auch Elohim der Ganzheit und Einheit.

Aufgaben:

Er steht in Verbindung zum Christusbewusstsein und zur Erlöserenergie für die Erdentransformation und stellt das verbindende Schöpfungsprinzip dar: Er eint Materielles und Geistig-Göttliches. Auch überbrückt er Gegensätze beziehungsweise polare Prinzipien und ermöglicht eine Aussöhnung.

Lieber Elohim der Vollkommenheit, was sind deine Qualitäten?

»Ich, der Elohim der Vollkommenheit, grüße euch aus der Kraft der Schöpferkraft. Mein Anteil, mein Strahl, meine Aufgabe besteht darin, Vollkommenheit in allen Dingen zu erzeugen und zu halten. Das bedeutet auch, ein Gefühl von Rundsein, Ganzheit, Einheit, Frieden, Wahrheit, Seligkeit zu bewirken.

Wenn alles ganz, stimmig und eins ist, ist Seligkeit da, Glückseligkeit nah.

Ich helfe, die Schwingungen zum herrlichen Heilsein, zur glanzvollen Strahlung, zum Göttlichen, zu heilen und zum heiligen Sein anzuheben. Für die neue Zeit bedeutet das, erlöst zu sein, befreit zu sein, im Frieden zu sein in allen Dingen gleichzeitig.

Ihr Menschen habt verlernt, zufrieden zu sein. Ständig strebt ihr Verbesserungen an, seid getrieben durch euren Perfektionismus und eure übertriebene Akkuratesse, welche dem Lebendigsein entgegenstehen. Indem euer Ego die Maßstäbe, seine eigenen Vorstellungen von Perfektionismus, umsetzt, ist euch euer Sinn für einen perfekten Zusammenfluss von Ereignissen, die natürliche Weise verloren gegangen, und ihr seid ihr nicht mehr in der Lage, dieses natürliche Zusammenspiel anzunehmen. Dadurch entstehen in euch Unrast, Unfrieden, Hektik, Druck, Kritiksucht, Minderwertigkeitsgefühle, Kontroll- und Perfektionswahn und so weiter.

Ich bin außerdem dafür zuständig, Freiheit für Kreativität zu geben, damit Wahrheit Raum gewinnen kann. Ich segne alles, was unvollkommen ist. Wenn die Göttliche Matrix ins Irdische einritt, ist Erlösung für alles Sein gegeben. Die Göttliche Urnormform ist in allem enthalten und kann, wenn sich Selbstzerstörungsmuster oder Störungsfrequenzen auflösen, Raum einnehmen - so wie ein Lichtstrahl im Dunklen Helligkeit erzeugt und eine klare Sicht ermöglicht.

Bittet mich ebenso um Erlösung von Unvollkommenem und von allem Leid.

Perfektion gibt es auch in gesunder Form, in allem, was in Göttlicher Schwingung, Einheit, im Frieden ist. Die Natur zeigt es euch: Sie ist perfekt, wunderbar, vollkommen, wenn ihr sie natürlich sein lasst.

Euer Perfektionismus läuft über das Ego, mit Wollen und Meinen. Denkt darüber nach, dass mentale Konstrukte nicht aus dem Einssein geboren sein können, wenn sie nicht das Wohl aller beinhalten. Das Denken ist dual, es beruht auf Trennung, nicht auf Einheit. Die schöpferischen Kräfte sollten immer zum Wohle aller, zum Wohle allen Seins eingesetzt werden und nicht für die Wünsche, den Verbesserungsdrang und Ehrgeiz des »engstirnigen« Egos. Schöpft also stets aus dem Herzen, wo es keine Trennung gibt!

Ich bin der Elohim, der dafür sorgt, dass der Göttliche Wille geschieht, dass das Licht durchdringt, zum Geist der Menschen kommt, damit ihr versteht, was es heißt ›dein Wille geschehe durch mich‹. Somit können Kreativität, gesunde Weiterentwicklungs- und Erschaffungsmöglichkeiten, Erfindungen und Genie (das ist beGEISTerte Schaffenskraft) Raum können – durch Göttlich inspirierte Geistesblitze.«

Gebetsmöglichkeiten:

»Aus der Schöpferkraft Gottes und meinem Göttlichen ICH BIN bitte ich dich, Elohim der Vollkommenheit, von ganzem Herzen, nun Harmonie, Vollkommenheit und Segen in dieses Thema (...) zu geben, damit sich der Ausgleich manifestiert. So sei es, so ist es. Ich danke dir dafür.«

* * *

»Aus der Schöpferkraft Gottes und meinem Göttlichen ICH BIN bitte ich dich, Elohim der Vollkommenheit, von ganzem Herzen, dass du durch mein Gebet und meine Liebe und Bitte deinen Segen aussendest über die ganze Welt, über alle Elemente, über alles Sein (Mensch, Kreatur und Natur) und dass die gesunde, Göttliche Grundordnung für die Welt wiederhergestellt wird. Dafür danke ich dir von ganzem Herzen. So sei es und so ist es.«

* * *

»Aus der Schöpferkraft Gottes und meinem Göttlichen ICH BIN bitte ich dich, Elohim der Vollkommenheit, von ganzem Herzen um deinen Segen für die Disharmonie in unserer dualen Welt, zum Beispiel zwischen Männern und Frauen, zwischen Mensch und Tier, zwischen Weichem und Hartem, zwischen Kindern und Eltern. Ich bitte um deinen Segen der Vollkommenheit für alles, was global im Ungleichgewicht ist. Ich bitte dich, deinen Segen für Heilung zu gewähren und alles zur Vollkommenheit hin zu segnen. So sei es und so ist es. Dafür danke ich dir von ganzem Herzen.«

Zeichen und Bilder:

gleichschenkliges Kreuz in einem Kreis, weißes Kreuz in goldener Kugel

Farben:

Weiß mit einem Hauch von Rosa, sehr kräftiges, gehaltvolles Weiß mit Liebe.

Wahrnehmung von Ingrid Theresia: »In der Präsenz dieses Elohim fühle ich mich wie vom Geist Gottes durchdrungen. Ich nehme ihn als christusähnliche Energie wahr, als Erlöserenergie der neuen Zeit.«

Zugeordnete Prinzipien, Begriffe:

Wahrheit, Wahrhaftigkeit, Göttliche Urnormform, Christusmatrix, Materie und Geist sind eins, Erleuchtung, neue Erde, Göttliche Schöpferkinder, Erschaffungsenergie, Frieden, Vollkommenheit

Abschließende Einladung oder Appell des Elohims der Vollkommenheit:

Ich helfe euch in der 5. Dimension durch viele Schöpferkinder Gottes und deren Bewusstheit, Erschaffungsenergie und Manifestationen eine neue Welt in Liebe, Achtsamkeit, Weisheit und Wahrheit ins Leben zu bringen. So sei es. So ist es. Es ist dann so.

Sage dir: ›Alles darf sein, wie es ist.‹«

3.8 Der Elohim der Zukunftseinsicht

Er heißt auch Elohim der Akasha-Chronik.

Aufgaben:

Er schenkt uns Einsichten und Erkenntnisse über künftige Ereignisse und Möglichkeiten. Denn alles findet JETZT statt, zeitgleich. Alles ist im Fluss und doch immer gleichzeitig. So ist es auch mit unserer Seele. Dieser Elohim repräsentiert das Alpha- und Omegaprinzip, Anfang und Ende, den Schöpfer und Vollender. Er unterstützt bei uns Menschen Visionen und mediale Arbeit.

Lieber Elohim der Zukunftseinsicht, was sind deine Qualitäten?

»Ich bin der Elohim der Zukunftseinsicht und des Akashawissens, welches Alpha und Omega, Anfang und Ende in sich birgt. Ich verbinde alles aus Vergangenheit, Gegenwart und Zukunft zu einem linearen Zeitablauf. Ich habe mit meinem Strahl aus der Schöpferkraft Gottes Gegenwart, Vergangenheit und Zukunft und alles Wissen daraus zu steuern, damit ihr euch zurechtfindet gemäß einer Vorstellung von Vergangenheit, Gegenwart und Zukunft, die in Wirklichkeit so nicht existieren.

In Wahrheit ist alles aus Gefühlen und Erinnerungen und zeitgleichen Verbindungen heraus existent, also als Verbindungen zwischen zeitgleich existenten (Wirklichkeits-)Räumen. Es existieren nur Räume, die einander durchdringen, wie Türen, die von Raum zu Raum führen. Euer Geist versteht das noch nicht wirklich. In der 5. Dimension werdet ihr es besser verstehen. Denn alles ist gleichzeitig abrufbar.

Diese Umstellung läuft schon eine geraume Zeit. Manche Menschen träumen Dinge aus der sogenannten Zukunft oder ›Karmisches‹ aus der sogenannten Vergangenheit, die sie in eurer bisherigen Sichtweise, in eurem bisherigen Erklärungsrahmen nicht kennen können.

Stellt euch das so vor, wie wenn eure Sicht durch Nebelschwaden getrübt ist. Sobald sich die Nebel lichten, könnt ihr alles gleichzeitig sehen.

Das Erwachen und das Bewusstsein eurer ›neuen Zeit‹ finden überall statt, auch in eurer Wissenschaftswelt tut sich hier viel, derzeit vor allem in der Quantentheorie oder -physik.

Ich unterstütze ferner visionäre Eingebungen, die von sehr medialen Schöpferkindern und Wahrheitssuchenden empfangen werden können. Es ist eine Öffnung zu weiterer Sicht. Dazu sind jedoch Wertungsfreiheit und Herzensreinheit nötig, damit es weder den Visionär selbst noch die, für die er es zum Ausdruck bringen soll, überwältigt oder verwirrt und damit es in möglichst reiner Gefühlsenergie vermittelt werden kann.

Mehrere Menschen mit großer Standhaftigkeit und Wahrhaftigkeitshaltung dienen uns als Transformationsträger. Sie werden als Helfer, Lichtarbeiter und Segensbringer ausgewählt, damit Katastrophen, Unglücke und Voraussagen sich nicht manifestieren. Ich bitte diese Menschen, sich mit mir und dem Elohim der Gnade zu verbinden, um das, was gesichtet wird, zu segnen und um Göttliches Licht hineinzubringen, auf dass sich alles wandeln möge zur Heilung hin. Meine Hauptaufgabe ist es, diese Transformatoren zu finden und mich mit denjenigen von ihnen, die es annehmen und die geeignet sind, zu verbinden.

Nicht immer ist es ein Leichtes für diese Menschen, ihre Gabe anzunehmen und Dinge zu sehen, die berühren. Diesen Menschen sei gesagt: Ihr könnt sofort wandeln, indem ihr segnet und bittet!«

Zeichen und Bilder:

Omegazeichen

Zugeordnete Prinzipien, Begriffe:

sehend, staunend erkennend, visionär, Zukunft, alles sei und ist gleichzeitig, Auflösung von Zeit und Raum, Weisheit, Wissen, Akasha-Chronik, altes Wissen, Urwissen durch Zeit und Raum verständlich machen, Zusammenhänge verstehen und Weiterentwicklungen möglich machen, Weisheitslehrerwissen durch Zeit und Raum, Unendlichkeit, Ewigkeit

Farben:

Ingrid Theresia nimmt ihn als großen, schmalen, langen Engel wahr. Weit hinauf und weit hinunter reicht er. Er ist weiß, strahlend und strahlt vom Stirnchakra blendendstes Licht aus.

Gebetsmöglichkeiten:

»Ich bitte dich, lieber Elohim der Zukunftseinsicht, von ganzem Herzen und mit all meiner Liebe um das Erhören meiner Bitte und um eine Veränderung zum Positiven hin für (...), was mir sehr am Herzen liegt. Ich zeige dir das Bild von meinem Gewünschten durch meine Gedanken. {Hier die Visualisierung aufrechterhalten.} Ich danke dir für die Wunscherfüllung.«

* * *

Für eine andere Person bitten:

»Ich bitte dich, lieber Elohim der Zukunftseinsicht, von ganzem Herzen und mit all meiner Liebe für den Herzenswunsch einer anderen Person, (...), mit der ich fühle, nämlich (...). Möge sein/ihr Anliegen durch deine Unterstützung und deinen Segen und sein/ihr eigenes Zutun positiv ausgehen, sich umsetzen und sich in eine positive Richtung entwickeln. Ich danke dir.«

* * *

»Bittet mich außerdem um globale Veränderungen in Krisensituationen. Stellt euch einen positiven Ausgang durch ein starkes Bild vor, damit die Zukunft nicht wie erwartet schlecht wird. Erkennt eure Rolle als Mitschöpfer.« (Siehe dazu die Ausführungen im Kapitel 4.1.)

* * *

»Wenn ihr also beispielsweise Abholzungen seht, erzeugt ein Bild davon, wie die Bäume wieder nachwachsen; bei verunreinigtem Wasser oder der Gefahr von Wasserverschmutzung erschafft das Bild von absolut klarem Wasser; wenn Überschwemmungen geschehen sind oder drohen, beispielsweise durch die massiven Flussbegradigungen, die ihr so lange schon vornehmt, dann seht Bilder von naturbelassenen oder renaturierten Flüssen, die nicht so weit über die Ufer treten, dass sie menschliche Siedlungen gefährden. Versteht ihr das Prinzip? Bittet!

Ich bitte dich, Elohim der Zukunftseinsicht, mit all meiner Herzenskraft, dass die ungünstige Zukunftsprognose in einen Heilungszustand umgewandelt werden darf und dass es günstig ausgehen darf. Ich danke aus ganzem Herzen dafür.«

Abschließende Einladung oder Appell des Elohims der Zukunftseinsicht:

»Ich stehe für Nichtbegrenztheit und ermutige euch zu Flexibilität in euren zeitlichen Vorstellungen. Alles ist offen. Alles ist möglich. Öffnet auch ihr euch für neue Möglichkeitsräume! Das ist eine der Eigenschaften, die euch als Mitschöpfer auszeichnen. Wir Elohim sind jetzt für euch da, um die neue Erde zu erschaffen.

Kernaussage: ›ICH BIN das Alpha und das Omega.‹«

4. Wesentliche Schritte zum Mitschöpfertum und für Lichtarbeiter

Nachdem Sie nun die Kraft und die Zuständigkeiten der sieben Elohim kennen, haben Sie vielleicht Lust bekommen, mit den Elohim erste Schritte des Erkennens und des innerlichen Feinschliffs für sich selbst zu gehen. Ich lade Sie ein, in fünf ausgewählten Themeneinheiten in das übermittelte Wissen einzutauchen und es für Ihr eigenes Leben anzunehmen.

4.1 Glauben, Denken, Handeln als Mitschöpfer

Einleitung und Vorarbeit

Der Elohim des Wachstums erläutert uns: »Das Thema Glauben, Denken und Handeln als Mitschöpfer ist ein wichtiger Baustein für das kommende Leben beziehungsweise das neue Zeitalter. Es enthält alles, was du wissen solltest, um Wünsche umzusetzen und um Materialisationsenergie in die Dinge zu geben, die du bisher oft selbst nicht glaubtest oder für möglich hieltest.

Dazu ist es zunächst notwendig, klar zu erkennen, welche Dinge und Umstände in deinem Leben so von dir nicht mehr gewollt sind, und neue Formen von Wunsch- und Willensgedanken zu entwickeln. In einem zweiten Schritt ist es erforderlich, diese neuen Wunsch- und Zielvorstellungen zu formulieren beziehungsweise aufzuschreiben. Fülle sie mit Leben!

Wesentlich ist es zu begreifen, dass das Umsetzen dieser neuen Absichten nur dann funktioniert, wenn du nicht mit deinem Ego-Ich wünschst, sondern dich mit Gott oder deinem Göttlichen Höheren Selbst und den Engeln verbindest. Erst aus dieser erhöhten Energieschwingung erzeugst du die nötige Verwirklichungsenergie. Du bist dann nämlich in deinem Göttlichen Bewusstsein oder Göttlichen Kindbewusstsein – jener Herzsicherheit, dass alles, was vom Schöpfer in dir als Göttlicher, höherer Wille angelegt ist, tatsächlich zu deiner Realität werden kann, wenn du es aus diesem erhöhten Bewusstseinszustand erbittest, aussendest und formulierst. Erst dann hat es diese Kraft von Mitschöpfertum.

Ansonsten willst du vom Ego her, aus dir selbst heraus etwas, was vielleicht gar nicht wirklich von dir gebraucht wird beziehungsweise was nicht deinem individuellen Ich und deiner Seelenenergie entspricht. Spüre einmal ganz deutlich den Unterschied zwischen dem, was du willst, und dem, was du brauchst, was deine Seele ausdrücken möchte und was dein Herz sich ersehnt. Also vertraue und überlege gut, was genau du dir in deinem Leben wünschst und verändern willst!«

Bewusstwerden der Mitschöpferenergie und der Verantwortung

Der Elohim des Wachstums sagt uns weiter: »Wenn ihr Menschen begreift, dass ihr vom Schöpfer seid und dass Gott, unser aller Schöpfer, möchte, dass ihr euch in Liebe und Licht weiterentwickelt und erkennt, dass Licht und Liebe in euch wohnen, ist es nur zu verständlich, dass es in eurer dualen Welt immer wieder eine Steigerung gibt von Licht und Liebe und Wissen und Weisheit und Kraft. Ihr solltet wissen, dass die Kraft der bewussten Gedankenformulierung und -umsetzung beziehungsweise der Materialisation der Gedanken für euch Menschen schon immer möglich gewesen ist. Nur ihr glaubtet es nicht!

Nun helfen die Lichtarbeiter euch Menschen auf verschiedene Weise zu erwachen. Erwachen heißt immer auch erkennen, dass ihr für euren Planeten verantwortlich seid. Denn alles, was ihr um euch her seht, alles, was es da gibt, wurde von euch geschaffen – nur meist unbewusst – durch euren Zweifel, eure Freuden, eure Ängste, eure Manipulationen und eure Fantasievorstellungen. Dazu kommen noch Strömungen mehrerer Individuen, die das Gleiche oder Ähnliches denken oder wünschen. Die bewusste oder unbewusste Schöpferkraft verstärkt sich, wenn mehrere Individuen das Gleiche oder Ähnliches denken oder wünschen.

Also glaubt nun, dass ihr, die ihr schon so viel erkennt und schon so lange an euch arbeitet, euer bewusstes Denken und eure bewusste positive Ausrichtung dazu gebrauchen und einsetzen könnt, um das Gewünschte nun schneller beziehungsweise unmittelbarer zu erschaffen. Das ist so ähnlich wie bei Dingen, die ihr immer wieder ›falsch‹ macht, oder wenn ihr euch ungerecht verhaltet: Ihr wisst, mittlerweile kommt das Karma beziehungsweise die Wirkung auf die von euch gesetzte Ursache sofort oder zumindest schneller bei euch an. So ungefähr verhält es sich mit der Wirkung eurer Fantasien und Wünsche. Allerdings bedarf es bestimmter Fokussierungstechniken, um eure Konzentration, euer Vertrauen und euren Glauben darauf auszurichten, dass die Umsetzung des Gewünschten schnellstmöglich und bestmöglich geschehen darf.

Stellt euch das so vor: Euer Geist ist frei. Eure Gedanken sind jedoch zu viele und verschieden. Hinzukommt, dass ihr die Gedanken sich meist verflüchtigen lasst. Euer Denken ist zu schnelllebig. Keiner nimmt sich mehr die Zeit, sich hinzusetzen, in sich zu lauschen und Bilder zu erschaffen durch die klare Zielsetzung. Nehmt euch also die Zeit, und werdet euch auf einer tiefen Ebene klar über eure Ziele und Wünsche. Wichtig sind außerdem der Segen und die Gnade Gottes, der Göttlichen Welt und der Engelhelfer. Das Mitschöpfersein funktioniert nur unter diesen Bedingungen.«

Das Wesentliche zur Durchführung der Manifestationspraxis

Und jetzt möchten wir euch die wichtigsten Schritte im Einzelnen aufzeigen:

- Bevor ihr neue Wünsche visualisiert, dankt Gott für alles, was er euch bisher gegeben hat, und für alles, was ihr bisher erlebt habt. Dankt auch allen Beteiligten. Der Dank ist wie ein Magnet oder positiver Resonanzverstärker. **Dankbarkeit** trägt außerdem wiederum zur Schwingungserhöhung bei.
- Wenn dir noch eine Situation einfällt, für die du **Vergebung** brauchst oder in der du vergeben solltest, dann tue dies jetzt! Vergebung schafft Klarheit und Frieden in euren Herzen.
- Danach **bitte um den Segen und die Gnade des Mitschöpfertums**, des Mitschöpferseins, wenn es im Göttlichen Sinne und für alle unmittelbar Beteiligten sein darf und der Welt Gutes bringt. Bitte um die Aktivierung der Schöpferkraft in dir.
- Sodann sprich folgendes **Gebet**:

»Ich setze nun meinen freien Willen ein, erbitte die Hilfe der Engel und nehme die Unterstützung dankbar an, dass meine Vorstellung und meine Zielsetzung zum Thema [Bild dazu vorstellen] sich verwirklichen dürfen und die Umsetzung sich im Hier und Jetzt zeigt. So sei es. So ist es. Mögen der Segen und die Gnade Gottes nun in dieser Energie dabei sein und mögen die Situation, das Bild und die Gedanken dazu gesegnet sein, auf dass sie sich umsetzen! Danke, dass wahr ist, was wahr sein darf und kann.

Ich nehme mein Recht in Anspruch, für mich verantwortlich zu sein und das Beste für mich und alle beteiligten Personen zu visualisieren und zu manifestieren, damit das Positive in die Welt kommt, auch für mich und mein Umfeld. Ich kann annehmen und davon abgeben. Und das Licht strahlt ab von meinem Annehmen und Geben zu anderen Menschen und erzeugt wiederum Licht.«

Die Cosmomediterra-Essenz »Freiheit des Geistes« wäre für euch bei dieser Arbeit sehr hilfreich, da sie euren Kopf frei macht.

Zum Glauben und Denken und zum Mitschöpfersein im neuen Zeitalter übermitteln wir euch hier nun eine ausführliche Meditation, eine wunderbare Verwirklichungsmeditation mit Farbvisualisierungen ...

Verwirklichungsmeditation

Lehne dich zurück und atme tief ein und tief aus. Sei nun im ICH-BIN-Bewusstsein. Stelle dir vor, du bist ein Lichtei, ein goldenes Lichtei. Und dieses Lichtei nährt dich im Inneren und strahlt Licht ab. Das bist du. Du bist jetzt im ICH-BIN-Bewusstsein. Denke oder sage folgende Worte:

»Ich bin Licht und Liebe auf Erden. Ich bin frei und erfüllt von der Kraft Gottes.«

»Ich nehme meinen freien Willen in Anspruch, um meine Welt zu erschaffen zum Wohle aller Beteiligten, zum Wohle meiner Seele und zum Wohle von dem, was ich dadurch in die Welt bringen kann. Ich freue mich darauf und danke meinem Schöpfergott dafür, dass ich das weiß.«

Nun stelle dir vor, der Elohim der Gnade, der Elohim des Wachstums und der Elohim der Liebesbringerenergie sowie dein Schutzengel begleiten dich auf dem Weg zu deinem Ziel und zur Wunschumsetzung. Lass dich führen. Stelle dir vor, du klopfst an eine Tür und der Elohim der Gnade öffnet dir. Du sagt: »Lieber Elohim der Gnade, ich habe einen Wunsch und einen Traum und weiß nicht, wie ich ihn in meiner Realität erschaffen und umsetzen kann.« Er lächelt und nimmt dich mit in den Raum.

Dieser Raum hat eine sehr hohe Schwingung von weißer, flirrender Energie des reinen Potenzials, die nur darauf wartet, Form anzunehmen. Der Elohim der Gnade setzt sich mit dir hin und sagt: »Male mir auf meinen weißen Tisch (den er wieder abwischen kann) ein Bild von dem, was du willst und dir wünschst, oder schreibe es in Sätzen darauf.« Dann notiere es dir oder merke es dir. Welches Gefühl ruft die Vorstellung bei dir hervor, dass dieser Wunsch jetzt schon erfüllt ist?

Lasse nun dieses Wunschgebilde entstehen und lebendig werden – wie wenn du einen Film ansiehst. Und die Darsteller, nämlich du mit deinem Wunsch, ihr werdet jetzt wie auf einer geistigen Filmleinwand geistig sichtbar. Und du siehst das alles in diesem Zimmer real vor dir. Der Elohim der Gnade hüllt nun die Personen und dieses Thema in ein absolut starkes, strahlendes Orange. Die orangefarbene Lichtkugel leuchtet vor Frische und Freude. Der Elohim der Gnade sagt: »Wir gehen nun mit dieser Lichtkugel und deinem Wunschgebilde in einen anderen Raum.«

Dieser Raum ist grün. Welchen Grünton nimmst du wahr? Helles Grün oder dunkles Grün? Sieh genau hin! In diesem Raum befindet sich der Elohim der Liebesbringerenergie und erwartet dich bereits, um dir zu helfen. Er lässt dich Platz nehmen. Das Gebilde in der Kugel, die du hinter dir herziehst oder trägst wie einen großen Luftballon, hast du weiterhin bei dir. Wenn du in die Kugel blickst, ist der ganze Film von vorhin weiterhin sichtbar.

»Was soll sich in deinem Leben zu dem Thema, das du mitbringst, positiv ändern?«, fragt der Elohim der Liebesbringerenergie. Das Wort, welches dir spontan einfällt, schreibst du bei ihm auf seinen grünen Tisch. Und welches Gefühl ruft das hervor? Schreibe es auf sowie alle Wörter, die dir dazu in den Sinn kommen. Und du hörst, wie der Elohim der Liebesbringerenergie spricht: »Erkennst du, was dich bisher an der Erfüllung deines Wunsches gehindert hat? Dann tue es fortan nicht mehr! Denn das Gute ist dir bestimmt. Also nimm es an!«

Er zieht das grün Geschriebene plötzlich wie eine Tischdecke vom Tisch und wirft es in ein großes, lichtes Feuer der Reinigung und der Klärung. Achte nun darauf, welche Gefühle der Leichtigkeit oder Freiheit oder des Berührtseins über diese Gnade der Erkenntnis entstehen dürfen.

Der Elohim der Liebesbringerenergie fordert dich auf, innerlich folgenden Satz zu sprechen: »Ich nehme jetzt das Gute und Beste in diesem Leben zu diesem Thema für mich in Anspruch und danke Gott mit meinem freien Willen, den ich in Anspruch genommen habe.«

Hier kannst du nun sehen, wie das Gebilde von vorhin verschiedene Farben bekommt, die es braucht, um jetzt noch lebendiger und strahlender zu werden. Welche Gefühle nimmst du bei diesem positiven Zielbild nun wahr? Was siehst du und fühlst du? Freude und Leichtigkeit zum Beispiel oder Berührtsein oder Glück und so weiter … Dann danke wiederum.

Und nun gehen der Elohim der Liebesbringerenergie und der Elohim der Gnade mit dir in den nächsten Raum. Hier wartet bereits der Elohim des Wachstums, und dieser Raum ist rot. Er strahlt in einem satten, schönen Rot. So wie du es dir vorstellen kannst, nicht zu grell und nicht zu dunkel – einfach ein für dich angenehmes, lebendiges und sattes Rot der Fülle und Erfüllung auf Erden. Auch der Elohim des Wachstums bittet dich, mit deinem Gebilde – dem runden, großen Luftballon, den du hinter dir herziehst oder den du vor dir herträgst – das Neue, Verbesserte mitzunehmen und dich zu setzen. Du kannst hier auf dem roten Tisch wieder schreiben. Was willst du jetzt schon als Gefühl und als reales Bild haben?

Schreibe es auf. Und das Bild ändert sich wieder, indem es noch präsenter wird. Welche Worte fallen dir ein? Was ist, wenn es schon so wäre …? Welche Gefühle, welche Worte tauchen auf? Notiere sie dir wieder. Welche Gefühle sind es? Zum Beispiel: Wohlgefühl (und Wohlbehagen), ein Gefühl, sich fallen lassen zu können, Zeit zu haben, zu genießen, neu zu gestalten, zu vertrauen, Dankbarkeit und so weiter.

Nun geht es in den letzten Raum, einen blauen Raum. Es ist der Raum des Elohims der Seelenplanerfüllung. Er sagt: »Es geht nun um deine eigenen negativen Gedanken, damit diese nicht gegen deinen Wunsch arbeiten.« In diesem Raum sind Ruhe und Vertrauen und Schutz, und alles leuchtet in dunkelblauen bis weißen Tönen. Der Elohim der Seelenplanerfüllung hat einen blauen Tisch. Welche Gefühle möchtest du verankern und schützen? Schreibe sie auf und spüre nach …

Alle Elohimengel gehen mit dir mit. Sprich innerlich: »Ich vertraue darauf, dass ich das Recht habe, das zu haben, was mir zusteht. Ich vertraue darauf, dass es jetzt da ist auf der geistigen Ebene, dass es also schon geschaffen und somit auch da ist.«

Der Elohim der Seelenplanerfüllung drückt einen Stempel wie ein Siegel auf deinen Wunsch. Dein Bild verändert sich nun in eine starke rote Energieblase. Und alle Elohim nehmen dich mit in einen großen Fahrstuhl und fahren mit dir und deinem Gebilde nach unten zur Realitätsebene »Erdgeschoss«. Du steigst aus und erblickst sofort grünes Gras. Du siehst und spürst dich, und du nimmst dein Gebilde von deiner bisherigen Wunschvorstellung und Zielsetzung mit. Die Engel berühren die Kugel mit deinem Gebilde, und es werden nun der Segen der Göttlichen Ebene und die Gnade des Schöpfers darauf gegeben. Was spürst du? Das ist wesentlich und wichtig.

Dann bist auf der Wiese und spürst den Boden und das Gras. Deine Kugel wird plötzlich durch das Tageslicht, die Realität, hellblau bis türkisblau und öffnet sich. Und du umarmst dein Gebilde und bist nun selbst mitten darin und hast mit diesen Gefühlen und Wahrnehmungen Frieden geschlossen. Du hast sie angenommen und dein Recht in Anspruch genommen, dass dieser Zustand JETZT ein Teil deines Lebens ist. Angenommen!!!

Danke und spüre die Energie nun körperlich um dich, so als ob das jetzt schon alles neben dir, um dich und in dir spürbar ist. Verabschiede dich von den Elohim, danke ihnen. Atme dann wieder tief ein und aus und komme langsam aus der Meditation ins Hier und Jetzt zurück.

Abschluss und Segen

Wir Elohim segnen euch nun. Seid getrost und wisset, dass es später noch einfacher geht, wenn ihr das Prinzip und das Gebet und das Tun und Wollen im Göttlichen Sinne verstanden habt. Sei gesegnet und wünsche und tue dies, damit Neues, Positives in dein Leben kommt und du dich als mitverantwortlich siehst und als Mitschöpfer deiner Welt und auch der Welt, die ihr – alle Menschen gemeinsam – erschafft!

Ihr erschafft sie bisher meist unbewusst durch eure Ängste, Sorgen und Fantasien. Wenn ihr Positives wünscht, bleibt dies bisher oft »auf halbem Wege« hängen, da ihr dann bereits wieder enttäuscht seid. Seid nicht enttäuscht! Macht stattdessen sofort die tägliche Visualisierungsübung, wenn sich solche unguten Gefühle einstellen. Und werdet somit bewusster und bewusster zum Mitschöpfer eurer Wirklichkeit! Mit Gottes Segen ist alles möglich!

Licht und Liebe seien euch gegeben! Und großer Dank an dich, Ingrid Theresia, dass du dir die Zeit Anfang des Jahres genommen hast, so tapfer und zielstrebig immer wieder zu uns zu kommen und anzunehmen, was wir euch allen geben wollen: eine Mitschöpfererkenntnis für die neue Zeit und eine Anleitung, wie es wirklich funktioniert, damit sich Wünsche realisieren. Licht und Liebe und Segen für alles Sein! Eure Elohim Gottes.

Tägliche Visualisierungsübung

Die nachfolgende Übung eignet sich dafür, in Kurzform das zu verankern und zu wiederholen, was wir in der ausführlichen Meditation erlebt haben. Die Elohim empfehlen uns die tägliche Praxis über einen Zeitraum von mindestens 21 Tagen, ein Zeitraum, der sich bewährt hat, um neue Gewohnheiten zu etablieren und genügend Verwirklichungsenergie aufzubauen, damit Gebilde aus der ätherischen Ebene anfangen, in unserer physischen Realität Form anzunehmen.

Stelle dir vor, dass du mit den Händen nach oben greifst und dich streckst, wie wenn du wachsen möchtest. Dort oben stelle dir dein Ziel oder Wunschbild vor und visualisiere, dass du es als Kugel hältst. Im Laufe der Übung gehst du mit deinen Armen und der imaginierten Kugel ganz langsam nach unten. Gehe dabei im Geiste die Bilderfolge und Farbfolge und die Gefühle innerhalb von etwa fünf bis zehn Minuten durch. Schließlich kniest du dich hin und legst dabei in deiner Vorstellung das Bild auf dem Boden ab, wie wenn du etwas auf die Erde holst. Du sollst dabei den Boden berühren.

Stelle dir also, wenn du dich nach oben streckst, vor, dass du diese orangefarbene Kugel hältst, und bringe sie herab auf die Erde, während du dich Schritt für Schritt an die verschiedenen Farben, Bilder und Gefühle erinnerst und sie erneut durchlebst. Und am Schluss sprich wieder die Sätze: »Ich vertraue darauf, dass mir das Gewünschte zusteht. Ich vertraue darauf, dass es jetzt auf der geistigen Ebene bereits vorhanden ist, dass es also schon geschaffen und somit auch da ist.« Und dabei berührst du mit der roten Kugel die Erde. Sie wird nun hellblau und öffnet sich. Danke dafür.

Wichtiger Hinweis zur Praxis, übermittelt vom Elohim der Zukunftseinsicht:

Ein jeder von euch sollte für sich täglich (am besten einen Monat lang) einen Wunsch visualisieren und ihn anhand der übermittelten Übung in die Verwirklichungsenergie bringen. Beginne JETZT, indem du dir einen Wunsch überlegst, der dir wirklich bereits lange wichtig und der ein Herzensthema von dir ist. Notiere ihn dir. Beginne mit den Visualisierungen am besten gleich!

Unterstützender Farbeinsatz für die erfolgreiche Umsetzung von Zielen & Wünschen

Diese Übung ist für vieles anwendbar. Dabei sind zusätzlich je nach Thema bestimmte Farben anzuwenden beziehungsweise zu integrieren, damit Heilung, Leichtigkeit oder Freude erst einmal ins Spiel kommen oder Ruhe beziehungsweise Umwandlung entstehen können und so weiter. Die spezielle Farbe und Frequenz hängt wiederum von der Person und der individuellen Thematik ab beziehungsweise von der Blockade, die du als einzelnes Wesen auf deinem Thema hast, weshalb es sich bisher nicht fügen beziehungsweise einstellen konnte. Ihr könnt euch das wie ein Radiogerät vorstellen: Wenn bestimmte Muster in euch nicht geklärt sind (»Störfrequenzen«), sendet ihr nicht klar aus, was ihr euch wünscht. Und folglich empfängt das »Radio«, also ihr, kein klares Ergebnis, das heißt, die Umsetzung eures Wunsches kann sich nicht zeigen. Die Farben können euch darin unterstützen, Blockaden zu lösen und klar ausgerichtet zu bleiben auf euer Ziel. Wir helfen euch gerne dabei. Licht und Liebe und Segen für alles Sein!

Die Umsetzung und »Verwirklichung« von Zielen und Fantasievorstellungen ist für viele schwer, da sie, wie bereits erwähnt, nicht bedenken, dass das Gedankengebilde verankert oder manifestiert werden muss. Stellt euch deshalb nicht nur immer wieder gedanklich etwas vor. Es verpufft sonst wie eine Seifenblase, wenn euer lebendiges Gefühl nicht dabei ist. Die Gefühle spielen eine zentrale Rolle. Ebenso die Farbvisualisierungen. Davon haben die meisten Menschen zu wenig Wissen.

Farbe verleiht euren Vorstellungen Kraft und Lebendigkeit. Farben bedeuten auf der irdischen Ebene Leben, und auf der Göttlichen Ebene gehen eure Farbvisualisierungen in feinere und feinste Farbschwingungen über. Farbe existiert überall. Deshalb ist sie ein gutes Bindeglied zwischen feinstofflicher und materieller Welt.[2] Farbvorstellungen können auf höhere Ebenen »übersetzt« werden und helfen beim Materialisieren. Das Feinstoffliche (zum Beispiel Gedanken) schwingt höher als das Grobstoffliche (Materie). Ähnliche Schwingungsunterschiede gibt es im Farbspektrum.

Mit zwei kraftvollen Varianten an Mitschöpferaffirmationen möchten die Elohim dieses Kapitel beschließen und wünschen jedem Leser Segen bei seinen Erfahrungen im Annehmen und Umsetzen des Mitschöpferseins.

Die Mitschöpfersätze:

»Ich nehme meinen freien Willen in Anspruch, um meine Welt zu erschaffen zum Wohle aller Beteiligten, zum Wohle meiner Seele und für das, was ich dadurch in die Welt bringen kann. Ich freue mich darauf und danke meinem Schöpfergott dafür, dass ich das weiß.«

»Ich nehme mein Recht in Anspruch, für mich verantwortlich zu sein und das Beste für mich und alle beteiligten Personen zu visualisieren, damit das Positive in die Welt kommt – auch für mich und mein Umfeld. Ich kann annehmen und davon geben. Und das Licht strahlt ab von meinem Annehmen und Geben zu anderen Menschen und erzeugt wiederum Licht.«

2) Aus diesem Grund gibt es bei den von mir hergestellten Schwingungsmitteln zur Unterstützung eine Serie der Farbessenzen (nähere Information unter www.cosmomediterra.com).

4.2 Ich lebe meine wahren Bedürfnisse und heile die Beziehung zu mir selbst und zu anderen

Die Elohim sagen uns: »Ihr lebt eure Bedürfnisse nicht auf gesunde Weise, habt entweder zu viele oder zu wenige, denn ihr erkennt und spürt nicht mehr, was individuell für eure Lebensgrundlage notwendig ist. Zum einen werden euch über die Medien falsche oder überzogene Bedürfnisse suggeriert und eure Sinne sind nicht ausreichend verfeinert, um euch gemäß unterscheiden und wählen zu können. Andererseits wurde euch in vielen Bereichen eine ungesunde Bedürfnisverdrängung anerzogen. So seid ihr vom Sein und Spüren zum Habenwollen gelangt, lebt manche Ego-Bedürfnisse exzessiv und doch nicht wirklich erfüllt, verspürt weiter eine Leere in euch. Als erwachte Menschen ist es wesentlich, dass ihr wisst und spürt, was eure Seele zur Entfaltung wirklich braucht.

Ihr wisst: Der Mensch lebt nicht vom Brot allein. Und doch seid ihr auf die Erde gestellt, um beglückende, bereichernde Erfahrungen in und mit der Materie zu erleben, um durch eure Freude ganz in die Materie einzutauchen und auf diese Weise Licht hineinzubringen.«

Das leuchtet uns zumeist ein. Wir wissen, dass unser Körper und genauso die Seele und der Geist Nahrung brauchen. Und wir wissen, dass es von Mensch zu Mensch unterschiedlich sein kann, was uns guttut, was uns nährt. Doch nun stellen wir uns heutzutage ob der Fülle der Angebote unserer hell scheinenden Konsumwelt und der großen, immer schneller laufenden »Bedürfnismaschinerie« der Medien die Frage: Was brauche ich wirklich? Wie sollen wir das noch erkennen?

Hinzu kommen die Erwartungen anderer Menschen, die beständig auf uns einstürmen und die zu erfüllen wir uns bemühen

- womit wir uns immer weiter von uns selbst entfernen. Es sind die ausgesprochenen oder unausgesprochenen, oft subtilen Anforderungen und Ansprüche der Familie, des Freundeskreises, der Vorgesetzten, Kollegen, Kunden, Nachbarn und so weiter. Und selten ist das, was wir geben, unserem Eindruck nach genug.

Wo setzen wir in all dem unsere Prioritäten im Alltag? Welchen Dingen widmen wir uns? Wo bleiben wir selbst, und wie gelangen wir zu einem gesunden Ausgleich?

Die Elohim erinnern uns an unseren wichtigsten Kompass: »Das Wesentlichste ist, dass ihr Menschen lernt, auf euer Gefühl zu hören. Lauscht eurem Herzen und achtet darauf, welche Bedürfnisse ihr jenseits der Stimme eures Kopfes habt – und vor allem welche Bedürfnisse unterdrückt werden. Dies ist eine wesentliche Lektion für eure Entwicklung.«

Weiter erläuterten mir die Engel, dass wir durch diese innere Arbeit ein Fundament für eine gesunde Beziehung mit uns selbst und anderen legen, basierend auf Achtung, Achtsamkeit und Würdigung. Erst wenn wir uns selbst achten, wird Achtung für andere möglich. Wir können uns nicht in Nächstenliebe üben und um »Weltverbesserung« bemühen, solange wir auf dieser tieferen Ebene nicht uns selbst sehen und dafür sorgen, dass wir satt und in Frieden sind. Erfreulicherweise gilt der Umkehrschluss genauso: Unser heiles, freudiges Sein IST ein Beitrag zu der neuen Welt, die wir sehen und erschaffen wollen.

Lohnend und notwendig ist aus all diesen Gründen ein Weg, der es uns erlaubt, uns selbst zu sehen und verdeckte sowie verborgene Bedürfnisse aufzuspüren, auszudrücken und auf angemessene Weise zu leben.

Seien wir es uns wert, uns auf uns und unseren Kern zu besinnen, uns als Menschen zu spüren und bei uns zu bleiben, bei unserem Herzschlag, der uns in jedem Augenblick mit dem Leben selbst, mit der lebendigen Herzensweisheit verbindet.

Um mit dieser Rückbesinnung zu beginnen, können wir uns zunächst einige zentrale Fragen stellen. Sie können wie Türöffner sein:

- Welches sind die grundwichtigsten, eigenen Bedürfnisse meines Wesens und Seins?
- Welches sind meine alltäglichen Bedürfnisse, die ich beständig oder häufig verdränge?
- Kann ich spüren, dass ich manche Bedürfnisse nicht einmal registriere, da ich sie aufgrund von Erziehungsmustern und daraus resultierenden Schuld- oder Angst- oder Suchtmustern gar nicht kenne beziehungsweise nicht haben durfte? Wo in meinem Körper spüre ich dieses Wegdrücken und Wegschieben, wenn ich achtsam dafür werde?
- Kann ich mir die Erlaubnis geben, meine Verdrängungsmuster aufzugeben? Wie fühlt es sich an, wenn ich mir sage: »Ja, ich nehme meine ureigenen Bedürfnisse an!«?
- Welches Abkommen kann ich mit mir treffen, um meine Bedürfnisse zu erkennen und sie auf angemessene Weise sofort zu befriedigen oder mir Ziele für ihre Befriedigung zu setzen?
- Wo will ich lernen, Grenzen zu setzen, wenn Bedürfnisse nicht unmittelbar befriedigt werden können? Beziehungsweise wo will ich lernen, anderen Personen Grenzen zu setzen, wenn eigene Bedürfnisse Vorrang haben?

- Ich lasse mich ein auf die Wiederentdeckung von dem, was wirklich wichtig ist für mich und meine Seele, und befreie mich von übertriebenem Pflichtbewusstsein und von meinem Drang, die Erwartungen anderer zu erfüllen.

Diese innere Auseinandersetzung wird uns nach und nach dazu führen, unsere wahren Bedürfnisse annehmbar und lebbar zu machen und wirklich zu leben.

Dazu noch einmal die Elohim: »Also lernt, eure Bedürfnisse anzuerkennen und wahrzunehmen und zu erfüllen beziehungsweise euch Gutes zu tun. Freut euch drauf! Wir helfen euch dabei.«

Meditation für die Bedürfniserkennung

Atme tief ein und aus und gehe zu deinen Füßen. Stelle dir vor, es wachsen Wurzeln daraus hervor, die sich mehr und mehr in die Erde verzweigen und immer kräftiger werden. Atme weiter tief ein und aus. Und achte darauf, welche Farbe deine Wurzeln bekommen dürfen, wenn sie unten angekommen sind und von der Mutter Erde Kraft ansaugen, aufnehmen beziehungsweise annehmen dürfen, damit du getragen, gestärkt, genährt und verbunden bist. Was nimmst du wahr? Welches Gefühl hast du, welche Farbe haben deine Wurzeln, und was macht das bei dir?

Dann begib dich in deinen Solarplexusraum und atme immer wieder die Farbe Gelb oder Goldgelb ein und wieder aus. Spüre, was geschieht. Und dann erbitte den Segen Gottes, der Engel und Helferengel Gottes und der Elohim.

Spüre, wie dein Scheitelchakra sich öffnet und du eine wunderbare Einstrahlung von goldgelbem bis vanillefarbenem Licht und nährendem, stärkendem und ins Fließen bringendem Licht aufnimmst. Welchen Begriff beziehungsweise welche Begriffe bekommst du nun?

Nun gehe wieder zu deinem Herzchakra. Gehe in dein Herz hinein, wie wenn du einen Wald- oder Wiesenweg entlangspazierst. Links und rechts des Weges blühen die Blumen. Schmetterlinge fliegen und die Sonne scheint ... Du gehst weiter, bis du in einiger Entfernung schon einen Torbogen oder eine Tür mitten in der Natur erkennen kannst. Als du näher kommst, liest du auf der Tür die Aufschrift »Thronraum des Herzens von {dein Name}«. Und du nimmst wahr, dass vor dieser Tür dein Schutzengel, Erzengel Raphael, der Heiler Gottes, und der Elohim der Gnade warten. Sie führen dich in den Raum hinein. Blicke dich um und nimm die Energie im Raum wahr. Welche Farbe hat der Raum?

Der Elohim der Gnade führt dich zu einem schönen großen Standspiegel. Er sagt: »Hier siehst du dein Göttliches Kind. Sieh es an. Was erkennt du?« Und du fragst dein Göttliches Kind im Spiegel mit Hilfe deines Schutzengels, des Elohims der Gnade und Erzengel Raphaels: »Was brauche ich?« Was brauchst du wirklich? Und warte, was dein Kind dir sagt. »Welche Themen vernachlässige ich?« Frage dein Göttliches Kind, deinen Göttlichen Anteil, und lausche, was es dir sagen möchte.

Nun kommt der Elohim der Liebesbringerenergie und bringt dir den Spiegel der Wahrheit, indem er dir so, wie du jetzt aussiehst und bist, einen Spiegel der aktuellen Wahrheit vorhält und sagt: »In diesem Spiegel siehst du deinen Emotionalkörper und das, was dir fehlt im Emotionalkörper und in deinem Gesicht.« Frage dich also im Spiegel und mit dem Spiegel der Wahrheit, was du wirklich brauchst.

Was fehlt dir ganz konkret im alltäglichen Tun? Frage: »Was tue ich nicht, was du brauchst, mein Kind? Sage es mir, damit ich es erkennen beziehungsweise verbessern und ändern kann.« Warte nun, bis etwas kommt. Und wenn nichts kommt, bitte Erzengel Raphael: »Sag mir bitte, Erzengel Raphael: Was ist damit gemeint? Was sind die drei wichtigsten Dinge, die ich nicht lebe, obwohl ich sie dringend brauche?« Schreibe dir dann, wenn du magst, die Punkte eins, zwei und drei auf.

Frage nun dein Spiegelbild im Spiegel der Wahrheit: »Wie kann ich das gutmachen? Wie kann ich dafür sorgen, dass es nun möglich ist?« Dann bitte auch den Erzengel Raphael. Und dieser sagt: »Ich gebe dir nun wie auf einem Förderband die Dinge, die du brauchst und die du mitnehmen darfst in Form von Gegenständen und als Gefühle. Sieh auf das Förderband. Erwarte nichts. Welche Gegenstände und Themen und Eindrücke kommen dir hier entgegen? Nimm sie einfach wahr.«

»Das, was dich gehindert hat«, sagt der Elohim der Liebesbringerenergie zu dir, »wirf nun in die violettgrüne Flamme der Heilung, Reinigung und Transformation, welche ich hier neben dich stelle, und es wird sich ändern!« Danke ihm und beobachte alles genau. Nimm wahr, was du in die wandelnden Flammen legst und was dabei passiert. Lass es geschehen.

Und dann lass dir ein Geschenk von deinem Spiegelbild der Wahrheit geben und auch vom Elohim der Liebesbringerenergie, damit du die Heilung, die jetzt geschehen kann, dadurch erkennst. Welche zwei Geschenke bekommst du?

Und nun danke allen Engeln und auch dir und deinem Göttlichen Kind und dem Spiegel der Wahrheit. Lass dir zum Abschluss sagen, welche Farbe du dringend benötigst und mit welcher Farbe du dich umgeben sollst beziehungsweise welche Farbe dir gegebenenfalls als Essenz hilfreich ist.

Dann gehe aus dem Bild heraus, indem du dich vom Elohim der Liebesbringerenergie verabschiedest, den Thronraum des Herzens verlässt und den Wiesenweg zurückgehst, heraus aus deinem Herzen. Spüre dich wieder, atme tief ein und aus und sei dankbar im Hier und Jetzt angekommen!

Lass deine Eindrücke wirken. Deine Aufzeichnungen kannst du später wieder durchsehen, nach einiger Zeit, um nachzuspüren, ob sich etwas verändert hat in deinem Leben. Gib dir Zeit dabei, sei geduldig und freundlich mit dir.

Das wichtigste Fundament, die Bereitschaft, auf dich zu achten, für dich zu sorgen, hast du gelegt. Freue dich darüber.

In die Tiefe gehen – ein Fragebogen

Sobald wir die Absicht gefasst haben, uns von alten Begrenzungen zu befreien und unserer Seele sowie unserem Herzen zu lauschen und uns selbst mit unseren ureigenen Bedürfnissen zu leben, können wir tiefer gehen.

Die Elohim geben uns einen kleinen Fragenkatalog, der uns an unsere persönlichen Themen und Erkenntnisse heranführt. Ich lade Sie ein, sich für einen Moment zu sammeln, sich auf Ihr Herz zu konzentrieren, tief zu atmen und in einer meditativen Grundhaltung spontan die folgenden Fragen zu beantworten. Bleiben Sie wertfrei und neugierig auf die Schätze in Ihrem Inneren. Wenn Sie mögen, machen Sie sich Notizen, die Sie später immer wieder einmal zur Hand nehmen können.

1. Welches Bedürfnis beurteilen Sie als »schlecht« (als unnötig, unanständig, überzogen, sündig, kindisch oder Ähnliches), oder was wurde von Ihren Eltern als nicht wichtig oder als unnötig bezeichnet? Was fällt Ihnen dazu spontan ein?
2. Was kommt Ihnen dazu unmittelbar in den Sinn: Warum kann ich mein Bedürfnis nicht gleich erfüllen?
3. Welche Hinderungsgründe beziehungsweise Ausreden habe ich, die mich davon abhalten, mich und meine wahren Bedürfnisse zu leben?
4. Was wurde von den Eltern immer verboten beziehungsweise auch nicht gelebt, vor sich hergeschoben oder geleugnet – mit Sätzen wie: »Wenn wir einmal Zeit haben ...« Oder: »Wenn wir einmal Geld haben, dann ...«?
5. Was ist ihr größter Wunsch? Was fällt Ihnen dabei spontan ein?
6. Was haben Sie bisher verdrängt?
7. Wie haben Sie Ihre Bedürfnisse bisher verdrängt oder weggeschoben? Und mit was?
8. Welches sind Ihre wichtigsten Bedürfnisse? Was taucht dabei alles in Ihnen auf? Unabhängig von Ausreden wie Zeit und Geld oder Krankheiten etc., was sind diese Bedürfnisse?
9. Was leben Sie nicht?
10. Warum nicht? Was glauben Sie? Was fällt Ihnen spontan ein?
11. Angenommen, Sie erführen jetzt, dass Sie nicht mehr lange zu leben hätten. Was würden Sie unbedingt

noch erleben wollen? Was wollen Sie dann unbedingt noch machen?

12. Welches Chakra wird oder welche Chakren[3] werden durch Ihre Verdrängungen nicht gesund gelebt? Was spüren Sie jetzt unvermittelt oder was nehmen Sie wahr? Diesem Chakra sollten Sie sich in den nächsten vier bis acht Wochen gezielt und fürsorglich widmen. (Dies können Sie tun durch Lichtatmung, Farbmeditation, Essenzen, Heilsteine, Kräuter und anderes. Eine kurze Übersicht der zugeordneten Heilschwingungen finden Sie im Anhang dieses Buches.)
    Bitten Sie nun den Elohim des Wachstums um Hilfe und bitten Sie ihn, dass er an Ihrem Chakra oder Ihren Chakren arbeitet, es oder sie harmonisiert und Sie das zugehörige Thema erkennen lässt!

Erkenntnis bringt immer Heilung. Seien Sie also dankbar über das Erkennen, verurteilen Sie sich oder andere wie Ihre Eltern nicht. Bitten Sie die Elohim weiter um Wandlung, Verzeihen, Vergeben und Heilung. Und bleiben Sie im Vertrauen.

Die fünf Tore

Diese Übung und Meditation geben uns die Elohim als »Erste Hilfe« für all die Situationen und Momente, in denen wir wieder einmal nicht wissen, welche Bedürfnisse zu kurz kommen oder in denen wir uns zu wenig treu geblieben sind und nicht wirklich gut für uns selbst gesorgt haben. Die Elohim empfehlen uns, diese Übungen häufiger durchzuspielen, um unser Gefühl immer mehr zu schulen und uns daran zu »gewöhnen«, Bedürfnisse haben zu dürfen.

3) Eine Übersicht der Chakren finden Sie im Anhang.

»Atme wieder tief ein und aus und entspanne dich. Sage dir: ›Frieden ist in mir und Frieden ist um mich.‹ Atme und spüre, wie du immer ruhiger und lockerer wirst. Nun stelle dir vor, du durchschreitest eine grünviolette ›Transformationsschleuse‹ und dahinter nacheinander fünf Türen, wie bei einer Zwiebelschale, um zum Kern zu gelangen. Jede Türschwelle geht mit einer Frage einher. Sei offen, ohne Erwartung und Urteil. Bleibe im Frieden und nimm einfach wahr, was als Antwort in dir auftaucht. Nun trittst du durch eine Tür ...

Erste Tür: **Welche Bedürfnisse verdränge ich?**
Geh in den Raum hinein und schau, was du wahrnimmst. Bitte um Hilfe dabei, was du erkennen darfst.

Zweite Tür: **Welche Bedürfnisse habe ich genau?**
Geh auch hier in den Raum hinein und schau dich um, was du wahrnimmst. Bitte den Elohim des Wachstums um Hilfe dabei, was du erkennen darfst!

Dritte Tür: **Was ist für mich das wichtigste Bedürfnis?**
Tritt in den Raum und blicke dich um. Bitte den Elohim des Wachstums um Hilfe für dein Erkennen.

Vierte Tür: **Welches Bedürfnis möchte meine Seele erfüllt haben?**
Geh hinein und schau, was du wahrnimmst. Bitte den Elohim des Wachstums um Unterstützung.

Fünfte Tür: **Welches Bedürfnis möchte mein Körper erfüllt haben?**
Tritt über die Schwelle und sieh, was du in diesem Raum wahrnimmst. Bitte auch hier den Elohim des Wachstums, dir zu helfen beim Erkennen.

Der Elohim des Wachstums führt dich schließlich hinaus in einen Garten und langsam den Weg zurück, bis du wieder im Hier und Jetzt angekommen bist.

Indem wir anerkennen, dass wir Bedürfnisse haben, haben dürfen, und dass unsere Seele hier auf der Erde GANZ leben will, auch mit dem Körper, der uns geschenkt wurde und den wir als Tempel unserer Seele achten und pflegen sollen, legen wir einen Grundstein für unser Menschsein in Würde und Ehrlichkeit. Vielen fällt es leichter, sich diese Entwicklung hin zu einem erfüllten Leben zuzugestehen, sobald sie erkennen, dass ich anderen Menschen und Wesen nur dann neidlos und offen begegnen kann und sie nur dann wirklich respektieren oder sie gar unterstützen kann, wenn ich mich selbst angenommen habe. Zur Selbstannahme gehören an erster Stelle die Grundbedürfnisse unseres wahren Seins, auch mit ihren irdischen Komponenten. Denn immer ist das Irdische ein Spiegel des Geistig-Seelischen.

Bedürfnisse, die aus der Freude unseres Herzens geboren werden, sind Wegweiser unseres wahren Göttlichen Wesens, das sich auf einzigartige Weise entfalten und verströmen möchte. Es sind nicht die Abhängigkeiten, Anhaftungen und Erwartungen unseres Egos. Es sind Boten unserer Seele.

Können Sie sich vorstellen, welche Qualität an Freude, an wechselseitigem Mitfreuen, an Wertschätzung und Achtung sich in der Welt ausbreitet, wenn jeder Einzelne sich mit sich selbst aussöhnt und bei sich ankommt?

Für die Heilung unserer Beziehung zu uns selbst schenken uns die Elohim eine große Heilmeditation:

Meditation zur heilen Beziehung zu mir selbst

Setze dich bequem hin und erlaube dir loszulassen. Lasse alles Angespannte, Verbrauchte und Belastende aus deinem Energiefeld, deinem Geist und deinem Körper nach unten hin abfließen. Atme. Tief ein und aus. Lasse los und spüre, wie du zur Ruhe und in deine innere Stille kommst. Nun gehe mit deinem Bewusstsein zu deinen Füßen. Deine Fußsohlenchakren öffnen sich, und es wachsen kleine Wurzeln daraus hervor. Diese Wurzeln verzweigen sich immer mehr in den Boden, in die Mutter Erde hinein, die sie sanft umfängt. Freue dich, denn sie schenkt dir Stabilität, nährt und trägt dich. Mit jedem Einatmen steigt nun die Kraft der Mutter Erde durch deine Wurzeln in dir hoch und schenkt dir Energie, bis hinauf in deinen Kopf und darüber hinaus und bis in jede Zelle hinein. Und mit jedem Ausatmen lässt du alles abfließen, das nicht mehr zu dir gehört. Es fließt durch deine Füße in die Erde, für die es wie ein Dünger ist. So entsteht ein Kreislauf. Spüre ihn mit jedem Atemzug. Ein und aus. Danke für diesen bewussten Austausch.

Und nun nimm wahr, wie sich der Himmel über dir öffnet. Stelle dir vor, dass du von oben, von der Göttlichen Ebene, wie durch einen Scheinwerfer mit hellgrünem Licht bestrahlt, durchstrahlt und darin eingehüllt wirst. Stelle dir vor, dass du mit jedem Ein- und Ausatmen dieses Göttliche Licht und diese Heilfrequenz aufnimmst. Du bist im Licht. Du bist Licht. Und auch deine Wurzeln sind nun durchlichtet. Mit diesen Lichtwurzeln bekommt auch die Erde Göttliches Licht und wunderbare hellgrüne Heilenergie, und ihr seid in Liebe und Dankbarkeit verbunden.

Nun spüre zu deinem Solarplexus, dem Sonnengeflecht hin und atme hier gelbes Licht ein und wieder aus. Sieh oder fühle dieses schöne, sonnengelbe oder goldgelbe Licht und wie die Lichtkugel in diesem Bereich mit jedem Ein- und Ausatmen von Gelb wächst und strahlender, klarer und kräftiger wird. Genieße es, in deiner Mitte und aufgeladen mit angenehmem Licht und wohltuender Wärme zu sein.

Dann gehe mit deiner Aufmerksamkeit zu deinem Herzzentrum. Gehe in dein Herzchakra hinein und folge einem langen Gang oder Weg, einem Wald- oder Wiesenweg nach innen bis zum Thronraum deines Herzens. Stelle dir hier am Ende des Weges eine Tür vor. Auf der Tür steht: »Thronraum des Herzens von [dein Name].« Erzengel Raphael und der Elohim der Liebesbringerenergie und der Elohim der Gnade warten hier auf dich. Erzengel Raphael, der Heiler Gottes, führt dich nun in einen Raum NEBEN deinem Thronraum des Herzens. Auf dieser Tür steht: »Raum der heilen Beziehung zu mir selbst.« Tritt ein und blicke dich um. Welche Farbe hat der Raum? Wenn der Raum nicht besonders hell ist, bitte Raphael, ihn wie mit einem Dimmer heller werden zu lassen. Und so geschieht es, bis der ganze Raum in einem wohltuenden hellen Licht erstrahlt. Du spürst dieses Licht und die Wärme auch körperlich, vielleicht durch eine Wärme und ein Weiterwerden im Herzen. Genieße es.

Nun bitten dich die Engel auf einem Stuhl oder Sessel Platz zu nehmen. In einem gewissen Abstand wird vor dir eine Leinwand von der Decke herabgelassen.

Der Elohim der Liebesbringerenergie deutet darauf und sagt: »Schau hin, wie gehst du im Alltag mit dir selbst um? Wie behandelst du dich? Was tust du für dich?« Nimm wahr und erkenne! Welche Wörter oder Themen oder Bilder kommen dir in den Sinn?

Lass dir Zeit dabei. Nimm einfach wahr, wie wenn du einen Film siehst, und werte nicht. Es ist gut, jetzt zu erkennen. Betrachte die Bilder … Wenn du magst, kannst du dir zwischendurch kurze Notizen machen, ohne aus deinem entspannten Zustand herauszutreten. Bleibe locker und atme.«

Nach einer Weile signalisieren dir die Elohim, dass es nun gut ist und genügt für dieses Mal. Die Leinwand wird wieder zurückgefahren. Der Elohim der Liebesbringerenergie setzt sich dir gegenüber und hält dir einen Spiegel hin. Er sagt zu dir: »Blicke hinein und sieh, wie es aussieht und wie es ist, wenn du all deine Bedürfnisse und Achtsamkeit und Wertschätzung für dich lebst in der gesunden Form ohne Erwartungshaltung, Selbstmitleid und so weiter. Und wie ist es, wenn die Beziehung zu dir ganz geheilt ist? Wer blickt dich an? Wie gehst du mit dir um, und was strahlst du dann aus?«

Nimm auch diese Bilder wahr und erfreue dich daran. Erkenne, um welche Punkte und Aspekte es sich handelt für deinen Alltag, für deine Einstellung, dein Denken und Fühlen, für deinen Körper, dein Bei-dir-Bleiben im Umgang mit anderen ...

Spüre vor allem, wie es ist, wenn du mit dir zufrieden bist. Spüre diese zufriedene, heile Beziehung zu dir selbst aus ganzem Herzen und mit allen Fasern deines Seins! Nimm diese Zufriedenheit an.

Dazu kannst du dir folgende Sätze sagen:

- Ich bin zufrieden mit meiner Beziehung zu mir.
- Ich stehe gut in Beziehung zu mir.
- Ich habe eine gesunde Beziehung zu mir selbst.
- Ich liebe mich so, wie ich bin.

Der Elohim der Liebesbringerenergie sagt in ermutigendem Ton: »Küsse nun dein Spiegelbild.« Tue dies im Geiste. Wie fühlt sich das an? Und nimm wahr, wie nun das Bild aus dem Spiegel in dich übergeht und mit dir verschmilzt. Lass es einfach geschehen und nimm wahr, was sich dadurch verändert, wie es sich anfühlt. Der Elohim der Liebesbringenergie lächelt dir zu. »Bist du zufrieden? Wir sind zufrieden, dass du zufrieden bist mit dir.«

Alsdann führt er dich langsam aus dem Raum heraus. Am Eingang gibt dir der Elohim der Gnade ein Abschiedsgeschenk zum Thema »Heile Beziehung zu dir selbst«. Was ist es? Bedanke dich und nimm es zu dir und in dein Herz hinein.

Du verabschiedest dich von den Elohim und Erzengel Raphael und gehst langsam wieder den Weg aus deinem Herzen heraus, wie einen Wald- oder Wiesenweg. Die Sonne scheint, die Blumen blühen und die Schmetterlinge fliegen fröhlich. Du atmest tief ein und aus und gelangst aus deinem Herzen wieder in deinen Körper hinein, spürst dich hier auf deinem Platz sitzen, fühlst deine Umrandung und bist wieder ganz im Hier und Jetzt angekommen.

Vom Ich zum Du, zum Wir

Wir erleben heute eine Gesellschaft der Extreme: auf der einen Seite die wahrlich egozentrischen, egoistischen Tendenzen, die daraus resultieren, dass wir uns von allen anderen getrennt fühlen und einen grundlegenden Mangel in uns und in der Welt spüren. Machtgehabe, Gier, Neid und Missgunst sind das Ergebnis davon. Diese Trennung ist eine Illusion. Wir kennen die Phänomene in allen Bereichen unseres Lebens und in unterschiedlichen Nuancen auch in uns, so dass ich nicht weiter darauf eingehe. Auf der anderen Seite stehen Menschen, die sich aufopfern in einem verzerrten Verständnis von Nächstenliebe.

Wir haben gesehen, dass eine funktionierende Gemeinschaft in Freude, Fülle und mit einem aus dem Herzen kommenden Teilen und Entfalten immer auf einer eigenen Zufriedenheit, auf Frieden und Sattsein IN UNS gründet. Erst wenn ich mich selbst sehe, mich als genauso wertvoll wie alle anderen Geschöpfe ansehe, kann ich wirklich mit den Augen des Herzens auf alle anderen

Menschen und Wesen blicken. Die Basis ist das Anerkennen unserer eigenen Göttlichkeit und des Lebens selbst, indem wir die Gaben, die uns Mutter Erde und das Universum schenken, freudig annehmen.

Erst so wird unsere Zuwendung zum Nächsten, zum Du oder Wir, authentisch und echt. Dann kann ich das Sanskritwort »Namasté« sprechen: »Das Göttliche in mir grüßt und ehrt das Göttliche in dir!«

4.3 Ich heile das Kind in mir und lebe neue Beziehungen jenseits von Macht und Ohnmacht

Heilung alter Beziehungsformen und neue Beziehungsformen in der neuen Zeit

Die Elohim betonen, dass es wichtig und möglich ist für uns Menschen, jetzt wirklich beziehungsfähig zu werden. Dazu gehört das Auflösung alter Beziehungsformen, die keine Gültigkeit mehr haben, und das Aufbauen einer ganz neuen Qualität in unseren Beziehungen.

Auf der Grundlage der heilen Beziehung zu uns selbst (Kap. 4.2) werden dabei folgende Themen betrachtet:

- Mutterthemen und Mütterlichkeit
- Weiblichkeit und Wertebewusstsein
- Geben und Nehmen
- Inneres Kind
- Macht und Unterwürfigkeit
- Erwartungshaltung
- Kontrolle und Flucht und Bindungsfähigkeit
- Einlass- und Loslassschwierigkeiten
- Anima und Animus
- Vertrauensthemen
- Sexualität

Die Engel helfen uns, unsere persönliche Beziehungsfähigkeit anzusehen und durch Einsicht und Umwandlung bei Problemen in Partnerschaften, Freundschaften und allgemein im zwischenmenschlichen Bereich die Weichen sozusagen neu zu stellen. Was wir in uns ändern, kann sich im Außen wandeln.

Muster durchschauen

Sehen wir uns die Strukturen unserer Beziehungen an, entdecken wir womöglich, dass sich manche Schwierigkeiten wiederholen. Die Elohim möchten uns darin anleiten und ermutigen, klar zu sehen, wie wir uns bisher verhalten haben, wo unsere Beziehungen bisher immer auf die gleiche, alte Weise in festgefahrenen Bahnen und Schemata verliefen.

Dieses Erkennen und Annehmen von dem, was wir da erkennen, wird durch die Begleitung der Elohimengel erleichtert. Wir können sie bitten, gerade jetzt mit uns zu sein, während wir weiterlesen. Als Hinführung zu unserem ganz persönlichen Beziehungsverhalten leiten uns die Elohim auf den folgenden Seiten durch einige »typische« Szenarien und Aspekte, bei denen wir möglicherweise ungute Prägungen erhalten oder hinderliche Glaubensmuster gelernt haben. Es mag sinnvoll sein, diese Passagen in meditativer, entspannter und nicht wertender Grundhaltung durchzugehen.

Die Elohim raten uns: »Fragt euch dabei: Welche Beziehungsform(en) lebe ich? Alte Beziehungsformen ändern sich, und neue Möglichkeiten von Beziehungsformen entstehen. Beginnt zu erkennen, **welche Form der Beziehung ihr selbst gewählt habt**, zum Beispiel Unterwürfigkeit, Dominanz, Erwartungshaltung oder Helfer, ›Nörgeln und Jammern‹ oder Aufopferung und so weiter. Sobald ihr euch darüber bewusst werdet, beginnt die Umwandlung.«

Beziehungsfähigkeit und Beziehungsmuster beginnen in der Kindheit. Sie beginnen mit den Müttern und ihrem Verhalten sowie dem Verhältnis von den Müttern zu ihren Kindern und zu ihren Männern und umgekehrt.

Mutter-Kind-Themen

»Mutter-Kind-Themen sind jetzt und in Zukunft wichtiger als bisher. Sie haben zu tun mit bedingungsloser **Liebe, Nahrung, Geborgenheit**, Fülle, Hingabe, Geduld und Annehmen als wertvolle weibliche, mütterliche Eigenschaften. Viele Mütter haben keine genaue Vorstellung oder kein Gefühl mehr von Sicherheit beziehungsweise Ruhe, Kraft und ›Herdgefühl‹. Versteht das nicht falsch! Damit ist nur gemeint, dass die Frauen für das, was die Männer früher als Beute nach Hause gebracht haben, keine Verwendung mehr hätten, weil sie zu wenig Zeit haben, dieses mit Ruhe und Kreativität in gute Speisen umzuwandeln. Sie kaufen Fertignahrung und haben für sich nicht mehr den Anspruch der Hingabe oder den Anspruch der Sicherheit, dass der Mann für sie sorgt. Viele, bereits sehr viele, fühlen sich schuldig, wenn sie ihre Arbeitskraft nicht zusätzlich einbringen, obwohl Kinder großgezogen werden. Außerdem gibt es ihnen natürlich ein Gefühl von Sicherheit und Macht, ebenso mithelfen zu können beziehungsweise nicht abhängig zu sein. Das ist richtig. Aber die Frauen nutzen ihre Berufstätigkeit oft nicht für sich als Unterstützung und für mehr Eigenachtung. Vielmehr wird es für sie zum Stress und zu einem Muss, so dass der Mann beziehungsweise die Männer auch schon erwarten, dass die Frauen beides bewältigen. Indem ihr weiterlest, werdet ihr einige gesunde Formen und Möglichkeiten zu diesem fundamentalen Thema erkennen und integrieren können.«

Weiblichkeit, Ruhe und Wertebewusstsein

»Das Hauptproblem ist, dass **das nährende, hingebende, geduldige, zusammenhaltende und wärmende Element** verloren geht – für die Mütter beziehungsweise für die Frauen und Kinder, aber dadurch auch für den Partner. Dieses Element fehlt heute sehr oft in den menschlichen Beziehungen der modernen Welt. Die Frauen können somit auch für den Partner kein Ruhepol mehr sein. Was ist dieser Ruhepol? Man kann ihn sich so vorstellen, wie wenn man zu Hause das Feuer im Kamin entfacht hat, das Wärme, Frieden, Sicherheit und Geborgenheit ausstrahlt. Das ist sehr wichtig. Heute ist jedoch häufig keine Ruhe oder Wärme der Frauen mehr da. Stattdessen lernen die Kinder die Unruhe kennen und werden früh dazu erzogen, dass man viel gleichzeitig schaffen muss, um etwas wert zu sein. Das Leistungsprinzip hat nichts mit der bedingungslosen, mütterlichen Liebe zu tun, die eure erste und wichtigste Nahrung ist und sein soll.«

Geben und nehmen

»Weiter ist es wichtig, dass das **Geben und Nehmen im Ausgleich** ist. Dies stimmt bei den alten Formen nicht mehr. Doch sogar bei den neuen Beziehungsformen ist es meist noch nicht im Einklang, da die Frauen zu stark das Männerbild übergenommen haben beziehungsweise sich männlich und maskulin verhalten. Gleichzeitig haben sie in sich noch nicht ihre Feindseligkeiten zum falschen Männerbild aufgelöst, so dass sie als starke Frauen ebenso hart und unerbittlich werden können wie Männer in der alten Energie. Andere Frauen wiederum sind eher unausgeglichen, da zu emotional, zum Beispiel zu hysterisch, zu sensibel oder zu empfindsam.

All diese Aspekte spielen eine große Rolle für die neuen Beziehungsformen und die Familienstrukturverbesserung in der neuen

Zeit. Beide Ausprägungen des anerzogenen Frauseins, zu hart beziehungsweise zu schwach, machen auch den Männern zu schaffen. Denn sie wissen nicht mehr, wie sie sich verhalten sollen. Sie haben das Gefühl, den Frauen oft nichts mehr recht machen zu können und in ihrer gesunden männlichen Form nicht mehr geachtet und gebraucht zu werden beziehungsweise dass die Frauen alles selbst bewältigen wollen oder sich in Schwäche flüchten. Der Mann kann also kaum mehr Bewunderung und Dank ernten für seine Unterstützung, da diese ganz selbstverständlich erwartet oder abgelehnt wird. Ebenso erwarten heute viele Männer, dass die Frauen alles schaffen. Das Geben und Nehmen zwischen den Geschlechtern ist aus dem Gleichgewicht.«

Heilung des inneren Kindes

»Was könnte wesentlicher für eure Beziehungen sein als die Heilung des Kindes in euch, die Heilung all der frühen Verletzungen, ›falsch‹ gelernten Verhaltensweisen und emotionalen Reaktionsmuster aus Schuld und Scham und Wut oder übertriebenem Geltungsbedürfnis?

Erkennt das Kind in euch mit seinen Nöten und Bedürfnissen, und nehmt es in euer Herz hinein. Zur Heilung des inneren Kindes haben wir euch ausführliche Anleitungen und Umwandlungsmöglichkeiten gegeben **(Anmerkung: Gemeint ist mein früheres Buch** Vom Inneren zum Göttlichen Kind**, Smaragd 2013.)**

Je mehr es euch gelingt, euch selbst so anzunehmen, wie ihr seid, desto leichter entstehen neue, achtsamere Beziehungen, ganz automatisch. Denn ihr Menschen seid dann nicht mehr so leicht verletzbar, sondern sicherer im eigenen Wertsein. Und ihr achtet dadurch den anderen in seinem Thema.

Sicher hat der eine oder andere von euch erkannt, dass sehr viele Verletzungen mit der Kindheit zu tun haben. Das ist richtig so. Wir haben auch hier Ingrid Theresia die Möglichkeit gegeben, Übermittlerin zu sein für die Heilung und die Unterstützung eurer inneren Kinder, die alle **Göttliche Kinder** sind. Ihr wisst es nur oft nicht mehr. Deshalb zieht den Schleier weg und nehmt Kontakt auf zu eurem Inneren Kind! Sucht geeignete Wege der Heilung von Verletzungen, Wege zur Anerkennung eurer Schönheit und Reinheit als Seele.

Gegeben wird euch Licht vom Vater und gegeben seid ihr aus Licht. Das Göttliche auf Erden zu zeigen und zu leben, ist nur im Lichtsein möglich.

Erkennet eure Stärken und eure Schwächen und arbeitet an beiden, ja, auch an euren Stärken, und zeigt sie euch selbst, wie wenn ihr sie euch als Gaben auf Obstteller legt und alles genau betrachtet und euch daran erfreut. Oder schreibt euch auf, welche Qualitäten ihr vornehmlich habt – und zeigt sie! Dadurch werden die sogenannten Schwächen schwächer werden. Wir laden euch ein zu erkennen, dass ihr Individuelles in euch tragt, einzigartig seid, und dass eure Freunde und Bekannten Individuelles haben. Eifert nicht dem nach, was eure Freunde, Lehrer, Nachbarn haben, sondern schaut, welche Qualitäten euch ausmachen, dich ausmachen, und bringe sie zum Ausdruck! Ein geheiltes inneres Kind hilft dir, dich voll und ganz zu leben und zu entfalten mit all deiner Kreativität und Lebendigkeit.«

Anima und Animus in den neuen Beziehungsformen

»Es ist so wesentlich, dass eure Beziehungen eine neue Form bekommen! Freundschaften und Partnerschaften gleichermaßen.

Der weibliche Anteil in den Männern wird verstärkt, ob sie wollen oder nicht. Denn das Anima-Prinzip kommt in dieser Zeit mehr und mehr zum Tragen. Das heißt für euch alle, dass mehr Gefühle hochkommen, dass sich vieles nicht länger unterdrücken lässt. Die Männer werden ebenfalls Hilfe benötigen und werden diese annehmen können, sofern sie Vertrauen zu den eigenen Partnerinnen haben. Die Frauen sind dabei besonders aufgefordert, nicht länger Kontrolle ausüben zu wollen, sondern Liebe, bedingungslose Liebe walten zu lassen. Diese ist nicht zu verwechseln mit Aufopferung! Seht ihr, wie fein alles miteinander verwoben ist und wie ihr euch auf so wundervolle Weise unterstützen könnt?

Ihr kennt das nicht mehr. Ingrid Theresia, wir bitten dich, erstelle deshalb eine Essenz ›bedingungslose Liebe‹ und eine für ›mütterliche Liebe‹. Beschenkt euch mit dieser Liebe zuallererst SELBST, um dann als Versorger auftreten und schließlich Geben und Nehmen im Ausgleich, Anima und Animus im Ausgleich leben zu können.«

Sexualität

»Hier geht es nun darum zu erfahren, was es heißt, die Sexualität zu leben im ›heiligen Sinne‹ oder im geheilten Sinne. Es ist festzustellen, dass die Menschen kaum mehr gesunde Sexualität leben. Beispielsweise wird in einigen langjährigen Ehen die Sexualität gar nicht mehr gelebt, sie wird einfach ausgeklammert, aus Gründen, die nicht besprochen werden können oder wollen. Es ist wichtig, dass in diesen Partnerschaften gelernt wird, Aussprache zu halten, auszusprechen, was der Einzelne empfindet und nicht empfindet. Die neue Form, mit dem Thema umzugehen, heißt Aussprache!

Weiter gibt es ›abnorme‹ Varianten der Sexualität, die stets mehr Lust einfordern und extreme, radikale, brutale und sadistische Formen angenommen haben. Sie kommen häufiger vor, als ihr denkt. Sei es durch brutale Vergewaltigungen, sei es durch übersteigerte Lustprinzipweckung in diesem Bereich. Da viele von euch gestörte Verhaltensformen angenommen haben, sind sie dem negativen Einfluss ausgeliefert und der ›Lust‹ im Sinne von ›Leidenschaft schafft Leiden‹ verfallen. Dieses Grundthema des Menschseins ist nicht mehr ›heil‹.

Wir bitten euch deshalb, eure eigene Form zu überprüfen. Wir bieten euch einige Fragen an, um zu erkennen und um euch für die Heilung dieses wesentlichen menschlichen Themas zu öffnen.

- Wie sehr liebe ich meinen Körper?
- Spüre ich meinen Körper auf angenehme Weise?
- Achte ich ihn als Tempel meiner Seele?
- Wie sehr wird mein Körper geliebt?
- Wie sehr wird meine Seele geliebt?
- Wie lieb hat mich mein Partner auf beiden Ebenen?
- Wie erlebe ich Sexualität?
- Bin ich genussfähig?
- Wie empfinde ich meine Lust?
- Erkenne ich mein Recht auf Lust in der Sexualität?
- Was empfinde ich bei Lust?
- Ist meine Sexualität mit Erwartungen, Ängsten, Scham, Schuldgefühlen oder Ähnlichem verbunden?
- Kenne ich meine wesentlichen Bedürfnisse auf sexueller Ebene?
- Will ich in meiner Sexualität eine Rolle erfüllen? Wenn ja, welche? Oder kann ich ganz bei mir und meinem Körperempfinden und Herzgefühl bleiben?

Diese Fragen stellt euch und erkennt, dass Sexualität keine brutalen, sadistischen oder unangenehmen, strafenden Folgen haben sollte für euren ›Lustgewinn‹. Achtet deshalb darauf, euren Körper zu lieben! Beginnt damit, euren Körper zu lieben, indem ihr euren Körper salbt, streichelt, massiert und ›in jedem Fall liebt‹.

Sobald ihr möglicherweise erkennt, dass ihr euch und eure Sexualität nicht völlig heil und in Freude erlebt, können Heilungsprozesse weiter angeregt werden. Therapeutische Maßnahmen wären angebracht, um heile Formen zu finden. Sei es durch eine Familienaufstellung, sei es durch psychologisch-sexuelle Beratung, durch Schulungen in Körperwahrnehmung, durch das Heilung weiblicher beziehungsweise männlicher Verletzungen, durch Chakra-Bearbeitung oder durch Erkenntnisse aus Büchern. Dies sind verschiedene Möglichkeiten, je nach Grad und Art der Problematik.

In jedem Fall seid ihr aufgerufen zu erkennen. Schaut nicht weg, wenn ihr aufgrund dieser ›Worte‹ erfahren habt, dass eure Sexualität nicht im Einklang ist! Hilfe ist möglich und wichtig.«

Natürliche Ordnung der Achtsamkeit und Liebe

»Wir heilen die Beziehungsthemen auf eurem Planeten, damit die natürliche Ordnung, die Achtsamkeit der Seelen untereinander wiederhergestellt werden kann. Das geht nur durch Selbsterkenntnis und durch die Erkenntnis, dass ihr Menschen Göttlich seid und Gutes in euch tragt.

Die Beziehungen der Menschen sind gestört, und die Weltordnung ist durcheinander. Erkennt ihr, dass es Zusammenhänge gibt?

Keiner glaubt mehr, dass es wichtig ist, zu geben und Liebe zu verteilen beziehungsweise dem anderen Gutes zu tun. Die Devise ist: Ich gebe erst, wenn ich weiß, dass ich auch gemeint bin von dir. Das ist nicht gut. Jeder denkt so, und nichts Fruchtbares ereignet sich dadurch. Es geht nur um Ertrag. Ihr denkt: ›Was bin ich wert, und was bekomme ich dafür zurück, wenn ich dies und das tue?‹ Gebt Liebe um eurer selbst willen, und zeigt den anderen Menschen, dass es möglich ist, einfach aus der Nächstenliebe heraus zu handeln!

Wir wissen, dass viele Menschen noch das Gefühl haben, dass Dienen oder Lieben etwas Schwaches oder Unterwürfiges sei oder naiv und man dadurch niemals Erfolg habe. Dabei verwirren euch negative Mächte durch Medien wie Fernseher, Computer und Werbung. Dort werden euch einseitige Bilder gezeigt. Alles soll stark und eigenwillig und eigenmächtig sein.

Ja, seid bewusster und selbstbewusster! Dadurch seid ihr doch so stark, dass euer Ego zurücktreten kann! Wirklich selbstbewusste Menschen verströmen mit Freude ihre Liebe an sich und an alle Wesen. Sie wissen, dass sie Liebe sind, dass sie an die Göttliche Quelle der Liebe, die niemals versiegt, angebunden sind. Sie sind sich ihrer wahren Natur bewusst.«

Vergeben

Der Elohim der Gnade spricht:

»Das Erste, was ihr Menschen wieder lernen sollt, ist euch und eurem Nächsten zu vergeben! Vergebung ist der Schlüssel zum Glück und zum Öffnen und Freiwerden eurer Herzen.

Wie geht das? Bitte mich, den Elohim der Gnade, bei dir zu sein, bitte mich um Segen und Gnade für das folgende kleine Ritual oder Gebet. Denke dann an eine konkrete Situation, die dich belastet, weil sie einen ungeklärten Konflikt oder Ähnliches beinhaltet. Entspanne dich und sage zum Beispiel folgende Sätze:

- Ich vergebe mir selbst und den anderen beteiligten Personen.
- Ich bin okay und vergebe mir immer wieder, dass alles so ist, wie es ist, denn ich bin okay.
- Ich lerne und vergebe und lasse los.

Die meisten Menschen meinen, sie müssten in jedem Fall den anderen vergeben, übersehen jedoch, dass dazu häufig erst die Heilung der eigenen Themen notwendig ist, weshalb es ihnen häufig so schwerfällt zu vergeben. Auch diese Teile wollen gesehen und erlöst werden. Überdies ist es wichtig, dass ihr euch selbst vergebt und um das Einfließen von Vergebungsenergie in die Gesamtsituation bittet. Dafür gibt es verschiedene wunderbare Rituale und Methoden. Beginnt zu erkennen, wo in euren Beziehungen Vergebung heilsam wirken kann, und alles andere wird folgen.«

Echter Selbstwert

»Weiter ist euer Ego sehr stark, auch bei euch spirituellen Menschen. Ihr meint, ihr seid schon gelassen, habt aber immer noch starke Angriffsflächen.

Wenn du in deiner Wertigkeit bist, kann dich von außen keiner entwerten beziehungsweise verletzen!

Du kannst zwar sagen: ›Das finde ich nicht in Ordnung, wie du mich behandelst.‹ Oder: ›Das möchte ich so nicht haben.‹ Oder du kannst ihm Einhalt gebieten, aber du solltest weiter erkennen, dass du davon unberührt und in deinem Kern unverletzbar bist.

Wenn sich dein Wert an dem bemisst, was dir von außen gegeben wird, ist dieser Wert ständig ›gefährdet‹, denn alles Äußere ist immer im Wandel. Wenn zum Beispiel deine Schönheit gelobt wird – was bleibt, wenn du äußerlich nicht mehr schön bist? Oder wenn deine Leistung gelobt wird – was bleibt, wenn du das nicht mehr geben kannst? Also sei dir innerlich selbst deines Wertes und deines Göttlichen Lichtes sicher und bewusst und begreife, dass du es bist, der dich selbst als wertvoll erkennt und anerkennt. Dein Kern möchte erkannt werden – von dir.

Wenn ihr euch dieses Kerns bewusst seid, müssen Beziehungen und Freundschaften nicht so viel leiden. Das Leid entsteht, weil ihr immer wieder verunsichert werdet oder euch nicht wertvoll fühlt, sobald von außen keine Bestätigung kommt oder ihr nicht gesehen werdet. Wenn dir solches widerfährt, nimm es vielmehr als Zeichen, dass du dich selber wieder mehr sehen und du dich selber verwöhnen und dir Gutes tun solltest. Und dann gehe nach außen und gib und strahle und sei anwesend und präsent! Das ist alles, was diesen Wert und das Kernbewusstsein in euch ausmacht – und das ist der Weg, wie ihr ihn behaltet.

Eine Übung für zu Hause:
Jeder von euch soll eine Liste machen mit seinen Schwächen und vornehmlich seinen Stärken in Beziehungsfragen und allgemein. **Notiert täglich eure Stärken** und das, was euch positiv und individuell ausmacht, sowie das, was ihr schon erreicht habt beziehungsweise was ihr jetzt geworden seid aufgrund dessen, was ihr getan und erlebt und erkannt habt!«

Macht, Erwartungen und Dienen

»Ein wesentlicher Punkt für ein gesundes Beziehungsgeflecht in eurer Gesellschaft ist die Qualität des Dienens. Wir sehen, dass ihr alle nicht mehr dienen könnt. Damit ist gemeint, dem anderen zu helfen, ohne dass ihr bestimmt, WAS getan werden muss beziehungsweise was der andere tun soll. Es heißt vielmehr, da zu sein, wenn dein Gegenüber dich braucht, ohne zu fragen, warum und wieso. Einfach zu unterstützen und hilfreich zur Seite zu stehen, entweder durch Zuhören oder durch Handeln. Viele übernehmen lieber die Kontrolle und sind in der Macht. Sie meinen, Dinge tun oder veranlassen zu müssen, die dem anderen, sprich eurem Partner oder eurem Freund, gutzutun scheinen. Aber das ist nicht immer so, denn manchmal will euer Freund oder eure Freundin oder euer Partner etwas anderes, vielleicht ›nur‹ eure mitfühlende Präsenz. Und dann seid ihr enttäuscht und fühlt euch abgelehnt.

Also hört gut zu: Nicht die Kontrolle und die Macht sind wichtig, sondern das Bei-euch-bleiben-Können. Es ist wichtig, aus eurer Kraft und Qualität heraus zu helfen und da zu sein. Weiter lernt: Wenn ihr mit eurem Wunsch oder eurem Wollen nicht angenommen beziehungsweise willkommen seid, so muss das keine Ablehnung von euch als Person sein. Nein, interpretiert das nicht so. Sondern setzt euch oder lehnt euch zurück und geht in euch und seid in der Liebe zu euch selbst und erkennt, dass euer Gegenüber in der Beziehung auch nein sagen darf, ohne dass ihr verletzt seid.«

Einlassen und Loslassen

»Das Einlassen und Loslassen ist in Beziehungen sehr wichtig. Dazu gehört, sich zu öffnen und bereit zu sein für die Mitmenschen, wenn sie auf dich zukommen oder wenn Situationen auf dich zukommen, mit denen du nicht rechnest. Genauso gehört dazu, dass du loslassen kannst, wenn Stillstand herrscht oder Rückzug. Dann ist Bei-dir-Bleiben angesagt. In Beziehungen, in denen der Mann oder die Frau (meist der Mann) häufig unterwegs und nicht immer anwesend ist, werden Wünsche und Sehnsüchte hineininterpretiert beziehungsweise auf den Partner projiziert, die dann erfüllt werden sollen, sobald der Partner wieder da ist ... Freut euch einfach darüber, dass er oder sie da ist und ihr wieder geben könnt! Ihr bekommt so viel zurück. Und seid offener für die Belange des anderen. Und wenn sich der andere nicht öffnen kann, dann öffne du dich für dich selbst und gehe erst in dich, um zu sehen, was der Grund, was dein Teil dabei ist. Und lasse wieder los!

Bei euren Kindern und Eltern ist es nicht anders: Alles, was euch aufregt, ruft euch dazu auf, dieses Thema anzuschauen. Warum regt es mich auf, wenn ich keinen Freiraum bekomme oder mir vorgeworfen wird, dass ich zu wenig tue oder dass ich mich immer einmische? Stellt euch diese Fragen, und dann überlegt, was ihr anders machen könnt. Oder begreife, dass du deinen Anteil in dir heilen musst, weil du vielleicht zu viel Leistungsdruck bekommen hast oder dir selbst immer zeigen möchtest, dass du alles im Griff hast oder du mit dir zu viel machen lässt und dich unterwürfig und klein fühlst etc. Was steckt dahinter? Woher kommt es? Das ist zu analysieren und herauszufinden.

Auch möchten wir euch auf ein Ungleichgewicht in euren Mustern aus Kontrolle oder Flucht hinweisen. Viel zu viele Menschen sind immer noch im Festhalten und in Kontrollmustern verhaftet und können nicht oder sehr schlecht loslassen. Erkennt, dass es auf der anderen Seite zu stark ausgeprägte Fluchtmuster in euren Beziehungen gibt. Wieder andere bauen Mauern oder umgeben sich mit einem Panzer. Je mehr ihr euren Wert und euren Göttlichen Kern und auch den Göttlichen Kern im anderen erkennen lernt, desto mehr werdet ihr zu entspannteren Strukturen finden.

Und nun geht in euch und seid euch eures Wertes, eures Lichts und eurer Schönheit bewusst!

LICHT UND LIEBE, STRAHLE SIE AUS. LICHT UND LIEBE, MEIN KIND. GOTT SEGNE DICH!«

Seelenfamilien und Seelenbegleiter

Oft hören wir in letzter Zeit die Schlagwörter »Seelenfamilie«, »Seelenpartner« etc. Was bedeutet das in der neuen Zeit? Die Elohim sagen uns dazu:

»Die neuen Seelenfamilien bestehen aus Menschen, die sich untereinander schon kennen – und zwar nicht aus diesem Leben, sondern aus vielen früheren Inkarnationen. Sie haben sich entschieden, in diesem Endzeitplan der Veränderung der Erde mitzuwirken und mitzuhelfen. Zumeist sind das einige von euch, die in früheren Leben bereits spirituell waren, das heißt die durch eine starke Verbindung zum Gebet oder zu Gott oder zu religiösem, gerechtem Empfinden ein starkes Gottesbewusstsein hatten. Diese Menschen tun sich nun mehr und mehr zusammen im Übergang in die neue Zeit und in der neuen Zeit. Dadurch fühlt ihr euch in eurem weltlichen Gefüge mehr verstanden. Denn ihr könnt euch austauschen und sprecht die gleiche Sprache und haltet zusammen, was mit dem tiefen Empfinden für die Erdveränderung und die tiefe Entwicklung von neuer Liebe und Lichtverbreitung auf der Erde zu tun hat. Eine große Achtung und Toleranz untereinander entsteht so – egal, wie alt oder jung ihr seid. Es werden immer wieder Treffen oder Zusammenfügungen stattfinden, die euch erkennen lassen, dass ihr längere Zeit miteinander sein könnt oder immer wieder Begegnungen auf eurem Weg möglich sind.

Mit **Seelengefährten** sind Menschen, Partnerschaften, Partner gemeint, die euch helfen, eure Themen voranzuschieben und euren

Weg zu gehen beziehungsweise eure Lektionen am besten zu lernen. Dazu ist es notwendig, dass ihr an bestimmte Punkte geführt werdet, die nicht immer angenehm oder gar einfach sind. Aber das macht eben die Veränderungsmöglichkeit aus, da ihr durch das, was euer Gegenüber, euer Seelengefährte, in euch auslöst und anregt, sozusagen gefordert werdet, eure Themen anzuschauen beziehungsweise anzugehen. Seid euch gewiss: Je mehr ihr gefordert seid, Dinge zu lernen, umso mehr habt ihr euren Seelenpartner an der Seite. Ein Seelengefährte kann ein Partner sein, aber auch Begleiter oder Begleiterinnen durch das Leben, die euch eine Zeit lang unterstützen, so dass die Dinge, die umgesetzt beziehungsweise angegangen und erkannt werden sollen in eurem Leben, tatsächlich getan werden. Eure Seelengefährten begleiten euch ein Leben lang oder eine Zeit lang. Meist habt ihr Menschen euch schon länger aus früheren Leben gekannt und euch entschieden, einander erneut zu helfen, um eurem Seelenplan, eurer Bestimmung in diesem Leben näher zu kommen. Vergebt also immer wieder, wenn nicht alles so läuft, wie ihr es euch vorstellt! Lasst also immer wieder los und lasst euch ein auf neue Menschen und Begegnungen – und seid dankbar für alle Begegnungen! In Liebe, eure Engelhelfer«

Noch ein paar allgemeine *wichtige Tipps* für gelingende Partnerschaften in der neuen Zeit geben uns die Elohim mit auf den Weg:

- Immer wieder **Vergebung!**
- Immer wieder **Geduld!**
- **Bei sich bleiben** und für **sich selbst etwas Gutes tun** lernen.
- Auch **alleine** Dinge tun und sich daran erfreuen.
- **Gleiche Interessen** herausfinden und dafür sorgen, dass sie ab und zu eingebaut werden.

- **Reden lernen!** Die Menschen können nicht mehr miteinander reden. Also sollte jeder in den Gesprächen spielerischer sein und nicht so hart auf sein Urteil oder seine Erwartungen oder Vorstellungen pochen.
- **Zuhören lernen**! Du kannst deinem Gegenüber beispielsweise sagen: »Ich höre zu und ich sage, dass mir dieses oder jenes wichtig ist, dass du mir wichtig bist.« Dann nimm einfach offen wahr und höre wirklich, was der andere zu sagen hat, ohne urteilen zu wollen, ohne dich rechtfertigen zu wollen, ohne zu interpretieren, ohne innerlich abzuschweifen.

Wie ist es Ihnen bei dieser inneren Befragung zu Ihren Beziehungsformen und Beziehungsmustern ergangen? Haben Sie Erkenntnisse gesammelt? Machen Sie sich Notizen, wenn Sie möchten, und bleiben Sie urteilsfrei.

Nach dieser Durchleuchtung unserer Beziehungsfähigkeiten können wir uns gewiss sein, dass mit Hilfe der Engel neue Strukturen möglich werden. Die Elohim ermutigen und danken uns, denn auf diese Weise tragen wir zu einem gesunden Miteinander in der Gesellschaft bei. Darum geht es im nächsten Abschnitt, der die Qualität des Vertrauens in den Mittelpunkt stellt.

4.4 Gesundes Miteinander durch Urvertrauen und Selbstvertrauen

Die Elohim möchten uns in unserem Vertrauen ermutigen. Sie betonen, dass echtes Vertrauen in uns selbst, in die Welt oder das Leben und in das Höhere, den Schöpfungsgeist oder Gott zusammenhängen.

Es bedeutet, dass das Urvertrauen sehr viel mit dem Vertrauen in sich und seine Herkunft zu tun hat.

Sie beginnen mit einer Frage an uns: »Wohnt in dir das Gefühl, dass Gott, das Göttliche in dir ist?« Spüren wir dieser Frage nach, lassen wir sie in uns wirken und lassen wir alles aufsteigen, was an Gefühlen, Gedanken, Bildern, womöglich auch an Widerständen und Urteilen dazu in uns lebt oder gespeichert ist.

Kollektiv haben wir dazu viele Glaubenssätze verinnerlicht, die das Gegenteil besagen. »Du bist nicht würdig«, heißt es da oft. Oder: »Was bildest du dir ein, was maßt du dir an?«

Die Elohim ermutigen uns zu einem radikalen Umdenken und Umfühlen. Sie möchten uns einladen, unser gelerntes Selbstbild, das uns so sehr begrenzt, loszulassen. Sie möchten uns an die Wahrheit der Schöpfung erinnern:

»Das Göttliche kann nur durch dich als Göttliches Wesen individuell ausgedrückt werden.

Das heißt wiederum, dass alles, was dich in deinem inneren Wesen und in deiner Verbindung zu Gott ausmacht, durch mehr Gelassenheit und durch das Loslassen von Ego-Wollen erreicht werden kann. Das Göttliche trägt dich, und du trägst das Göttliche in dir. Vertraue darauf!

Voraussetzung und eine Folge des Urvertrauens sind das Vertrauen in sich selbst und das innere Loslassen in der Gewissheit, dass das Göttliche in dir genau weiß, wann du reagierst beziehungsweise agierst oder nicht und dass du zu jeder Zeit das Richtige tust.«

Die Situation heute aus der Sicht der Elohim

»Einige von euch sind durch die Erziehung in der Kindheit im Urvertrauen gestört worden. Zum Beispiel wenn ihr euch ständig infrage gestellt fühltet. Einige begannen dadurch, permanente Schuldgefühle zu entwickeln beziehungsweise hörten nicht mehr auf ihr Gefühl oder ihre innere Stimme. Das erzeugte wiederum Selbstzweifel und die Angst, das Falsche zu tun beziehungsweise nicht ›richtig‹ zu sein.

Diese Ängste und Zweifel, der Wunsch nach Kontrolle und das Festhalten an vermeintlichen Sicherheiten, an Besitz und Gewohntem etc. sind das Gegenteil von Urvertrauen beziehungsweise dem Handeln und Sein in Gelassenheit und Urvertrauen.«

Die Entwicklung umkehren

Können Sie sich vorstellen, wie eine Gesellschaft, eine Welt aussieht, in der der Einzelne statt aus Selbstzweifel und Angst heraus aus dem Vertrauen in sich, das Leben und eine höhere Ordnung der Dinge handelt?

So wird wiederum die Stärkung des eigenen Selbstvertrauens und Urvertrauens zu einer uneigennützigen Entwicklung, die auch dem großen Ganzen dient. Machen wir uns also auf den Weg. Es ist unser Geburtsrecht.

Meditative Selbstbefragung zum Urvertrauen

Durch folgende Fragen können wir uns unserem inneren Zweifeln und Hadern nähern. Seien Sie gewiss, dass allein die Bewusstheit darüber bereits Wandlung bedeutet. Bitten Sie die Elohim um Beistand.

»Gehe nach innen. Beginne wieder, tief ein- und auszuatmen und zu entspannen. Mit jedem Atemzug wirst du lockerer und ruhiger. Sobald du ganz bei dir angekommen bist, stelle dir folgende Fragen und beantworte sie spontan:

1. Woher kommen meine Ängste? Kann ich einen Anfang spüren, eine Angst hinter der Angst? Ein erstes erschreckendes Erlebnis?
2. Was kann ICH tun?
3. Wie reagiere ich, wenn Angst aufkommt? Kann ich mir eine andere Möglichkeit zu reagieren vorstellen? Was würde ich brauchen, um anders zu reagieren, um mich anders zu fühlen?
4. Was ist das Gegenteil meiner Angst? Wenn ich mir erlaube, mir meine größte Freude, meine größte Begeisterung auszumalen jenseits jeglicher Angst, was wäre das? Was würde dann geschehen? Wie würde es sich anfühlen?
5. Was steckt hinter meiner Urvertrauensangst?

Nehmen Sie all die auftauchenden Erkenntnisse, Bilder und Gefühle in Ihr Herz. Werten Sie nicht. Bleiben Sie einfach bei der Atmung und bei der Akzeptanz Ihres Selbst mit all seinen Aspekten. Vertrauen Sie darauf, dass alles seine Ordnung hat und alles genau so sein darf, wie es im Moment ist. Die Elohim werden uns nun durch einen tiefen Prozess der Transformation führen, in dem sich das an Blockaden und Ängsten lösen wird, was jetzt möglich ist.

Große Meditation zum Urvertrauen – gegeben von den Elohim

Atme tief ein und aus. Stelle dir vor, du entspannst dich mit jedem Ein- und Ausatmen nun mehr und mehr und lässt alles ins Fließen kommen und wirst ruhiger und entspannter. Alles darf abfließen über die Beine und Füße. Und du stellst dir vor, dass du von Göttlichem Licht durchflutet wirst, indem du spürst, wie sich über dir der Himmel öffnet und ein Lichtscheinwerfer auf dich gerichtet ist und dich mit warmem, goldenem, weichem Licht bestrahlt. Und dieses warme, goldene, weiche Licht hüllt dich ein und durchleuchtet alle deine Felder und nährt und stabilisiert dich.

Dann stelle dir wieder vor, dass deine Aufmerksamkeit zu deinen Füßen wandert und dass sich deine Fußsohlenchakren öffnen und du Wurzeln in die Erde hineinwachsen lässt. Diese Wurzeln werden dann mehr und mehr und verzweigen sich und werden leuchtend und licht – wie das goldene Licht des Scheinwerfers über dir. Und so trägst du das Licht nach unten in die Mutter Erde hinein, so dass die Mutter Erde von diesem Licht vom Licht aus der Quelle ebenso genährt wird und das Licht dankbar aufnimmt. Du bedankst dich bei der Mutter Erde für das Getragensein und Versorgtsein und Genährtsein. Und während du spürst, wie auch sie sich bedankt, bemerkst du, dass sie dir über die Wurzeln eine Farbe zufließen lässt, die du zum Thema Urvertrauen gerade am stärksten brauchst. Welche Farbe steigt nun von der Erde über die Wurzeln hinauf in deine Beine, in deinen Körper? Sauge diese Energie dankend auf als Stärkung für deinen physischen Körper.

Gehe nun in deiner Vorstellung in das Herzchakra hinein, wie wenn du einen langen Gang oder Flur oder Wald- oder Wiesenweg entlanggehst, bis du am Ende des Weges eine Tür oder ein Tor wahrnimmst mit der Aufschrift »Thronraum des Herzens«.

Vor dieser Tür stehen der Elohim des Wachstums, der Elohim der Grundordnungswiederherstellung und der Elohim der Gnade. Sie begrüßen dich, und du begrüßt sie. Ihr geht nun nicht in den Thronraum, sondern in einen Raum daneben mit der Aufschrift: Raum des Göttlich-Weiblichen. Wie nimmst du diesen Raum wahr? Hat er eine Farbe? Ein Gefühl? Einen Duft vielleicht? Sieh dich um, und du wirst einen Platz entdecken, auf dem du dich bequem niederlassen kannst. Und nun siehst oder spürst du eine Präsenz. Mutter Maria oder die Göttliche, weibliche, bedingungslose Liebe ist hier mit dir in diesem Raum. Wie nimmst du sie wahr? Sie lächelt dir ermutigend zu und hat ihre Arme für dich weit geöffnet. Wenn du es zulassen kannst, gehe zu ihr, lass dich umarmen, genieße es, dich fallen zu lassen, dich geborgen zu fühlen. Was brauchst du, um dich zu nähren? Nimm es wahr, erkenne ... und lass dich satt machen mit Göttlicher Liebe und Fürsorge!

Wenn du satt und ganz ruhig bist, löse dich langsam aus dieser innigen Umarmung. Bedanke dich bei Mutter Maria und lasse dich von den Engeln aus dem Raum geleiten.

Sie deuten auf eine Tür neben dem Raum, den du gerade verlassen hast. Darauf steht: »Mein Urvertrauen – Integration und

Heilung in diesem Leben.« Lass dich von den Elohim hineinführen. Ihre stärkenden Energien sind spürbar für dich, als die Tür geöffnet wird. Der Raum ist violett und rötlich und sonnig, und der Elohim der Vollkommenheit sagt zu dir: »Ich male um dich herum einen Kreis, wo du bitte auf dem Stuhl Platz nimmst.« Der Elohim des Wachstums bleibt bei dir.

Im Kreis dir gegenüber stehen der Elohim der Gnade und der Elohim der Grundordnungswiederherstellung und sie schreiben an eine Tafel. Sie schreiben auf, wo beim Thema Urvertrauen deine Störungen liegen. Sieh hin und spüre! Welchen Begriff oder welche Begriffe schreiben sie auf? Notiere sie dir. Dann erläutert der Elohim der Gnade, dass dahinter noch ein Thema liegt. Wieder schreibt er einen Begriff oder mehrere auf. Und dann wiederum dahinter ein weiteres Thema. Was liegt hinter diesem Thema zum Thema Urvertrauen? Welches ist deine größte Störung in diesem Bereich?

Der Elohim der Gnade spricht nun: »Das alles wird jetzt verbrannt in einer Schale mit violettem und grünem Licht.« Und er gibt das Blatt beziehungsweise die Blätter Papier mit den Begriffen in die Flamme. Was spürst du?

Dann wechseln die Elohim die Seiten: Der Elohim der Gnade kommt nun zu dir in deinen Kreis. Und während alles Alte noch verbrannt wird, arbeitet der Elohim der Gnade in deinem Energiefeld. Er legt dir seine Hände auf die Schultern und an bestimmte Stellen beziehungsweise Chakren, um sie auszugleichen und zu heilen. Spüre, was du spüren kannst.

Der Elohim des Wachstums geht von deiner Seite in den anderen Kreis. Er ist es, der weiterschreibt. Er schreibt auf die Tafel, was du nun positiv zum Thema Urvertrauen lebst, da alles geheilt ist. Was ist jetzt die gesunde Form für dich? Wie kannst du Urvertrauen für dich leben? Was schreibt der Elohim des Wachstums dazu alles an die Tafel, wenn du nun absolutes Vertrauen in dich und absolutes Urvertrauen hast?

Spüre und integriere diese gesunde, positive Form und freue dich daran!

Der Elohim der Vollkommenheit wird dir noch einen Hinweis geben oder ein Hilfsmittel nennen beziehungsweise in deine Hand legen, der/das dir bei der Heilung des Themas Urvertrauen hilft. Achte darauf, was du wahrnimmst. Und bedanke dich. Die gesunde Form kommt und du spürst es. Alles wird hell und licht.

Bitte den Elohim der Grundordnungswiederherstellung, ob und was er dir noch mitteilen möchte. Und dann nimm das Geschenk, das er dir zum Thema Vertrauen und Urvertrauen gibt, an. Bedanke dich abschließend bei allen Elohim und verlasse den Raum wieder. Die Engel geleiten dich. Und du verneigst dich und verabschiedest dich und gehst den Weg wieder zurück aus deinem Herzen, um wieder ganz im Hier und Jetzt angekommen zu sein.

Durchgabe der Elohim:

»Das Vertrauen in seiner geheilten Form ist einer der wesentlichsten Aspekte für eure Stabilität auf der Erde. Denn hierin werdet ihr in der kommenden Zeit am meisten erschüttert werden. Seid also vor allem im Glauben gestärkt, das meint Urvertrauen, das vielen als Wort wenig verständlich ist. Vertrauen bedeutet in erster Linie, dir selbst treu zu sein. Dazu ist es notwendig, dich immer wieder zu betrachten und deinem Gefühl zu vertrauen. Eine Urangst von euch Menschen ist die Sorge, nicht mehr zu wissen, was zu tun beziehungsweise zu denken beziehungsweise wie zu handeln ist.

Durch euer Erinnern verstärkt ihr das Göttliche in euch und lasst es durch euch wirken. Daraus erwächst Gelassenheit. Seid gesegnet in eurer Gelassenheit, in eurem Vertrauen, in eurem Tun.«

Affirmationen

Folgende Sätze empfehlen uns die Elohim als »Anker« oder Erinnerungen, um uns immer wieder in das Grundgefühl des Vertrauens zurückzubringen und um uns in diesem Gefühl zu verwurzeln. Wir können sie wie ein Mantra oder Gebet wiederholen und uns auf diese Weise uns selbst zuwenden und uns Zuspruch spenden:

- Ich bin im Selbstvertrauen mit allem, was mich ausmacht.
- Ich vertraue mir mehr und mehr.
- Ich bin im Urvertrauen mit meinem Göttlichen Höheren Selbst und mit mir.
- Ich vertraue der Mutter Erde, dass sie mich trägt, nährt und versorgt. Ich bin ein Teil von ihr.
- Mein Gottvertrauen ist unendlich.
- Ich vertraue mich dem Fluss des Lebens an und bin im Fluss des Lebens gut versorgt.
- Ich bin Lebensfreude und im Vertrauen zu Gott geführt, geschützt, geleitet.

Denken wir außerdem stets an die Praxis des Segnens! Segnen Sie zum Beispiel alle, die jetzt erwachen. Das heißt, bitten Sie darum, dass sich sein Göttlicher Kern erinnert. Die Elohim formulieren es deutlich: »Eure Aufgabe ist es zu lernen, euch von der Machermentalität zu lösen. Im Zustand des Vertrauens ist nichts zu tun. Sagt euch: ›Es ist jetzt so, und es hat keine Macht über mich. Ich segne diese Situation.‹«

Kleines Ritual zum Vertrauen für den Alltag

Stellen Sie sich hin und strecken Sie die Arme nach oben, wie wenn Sie eine Schale hoch über Ihrem Kopf halten würden, um etwas zu empfangen. Sie empfangen weiße Energie. Sagen Sie innerlich: »Ich nehme das Vertrauen an und ziehe es in mein Leben und lebe es, auch wenn ich noch nicht sehe, was es im Leben bringt.«

In Ihrer Vorstellung nehmen Sie dabei die Schale langsam nach unten und stellen Sie sicher auf dem Boden ab. Bedanken Sie sich.

Schlussübermittlung zu Vertrauen und Hingabe

»Wisset, alles geschieht zur rechten Zeit und durch das Akzeptieren, dass jetzt das, was sein kann, ist. Nicht mehr und nicht weniger. Es ist ein wichtiger Prozess, dass das Vertrauen sich aktivieren kann im Stillhalten und Geschehenlassen, in Gelassenheit und Frieden mit der Situation, die gerade stattfindet beziehungsweise ist. Das ist ein wichtiger Lernprozess in eurem Leben, der erst durch die Hingabe und Demut möglich ist. Hingabe an alles, was ist. Es ist der Zustand des Akzeptierens, dass nichts getan werden kann zur Verbesserung oder zur Veränderung, sondern dass alles so, wie es jetzt ist, alles genau richtig ist und nicht anders sein muss beziehungsweise sein darf oder kann. Alles hat genau jetzt so seine Richtigkeit.«

4.5 Das Segnen, Schützen und Bewahren von Wohnstätten und Kraftorten

In diesem vierten Kapitel haben uns die Elohim in wesentlichen Entwicklungsschritten geschult - hin zu Eigenschaften und Fähigkeiten wie Verwurzelung, Zentrierung und Ruhe, Anbindung an die Quelle, Kernbewusstsein, gesundes Körper- und Herzgespür, Wahrheitsliebe, Vertrauen, Erkenntnisfähigkeit, Achtung und Achtsamkeit für sich und andere, Verzeihen und Vergeben, das Gleichgewicht von Geben und Nehmen, Liebes- und Beziehungsfähigkeit, Erwartungsfreiheit, (Selbst-)Akzeptanz, Offenheit, Sinn für gesunde Strukturen und gesundes Wachstum, für die Göttliche Grundordnung in allem Sein, Bereitschaft zu Heil- und Umwandlungsprozessen, Visualisationskraft und einiges mehr. All dies erlaubt es uns, bewusster und bewusster zu werden - als Göttliche Wesen und verantwortliche Mitschöpfer auf Erden - und gleichzeitig eine gute »Boden-Haftung«, Stabilität und Vertrauen zu halten, bei uns zu bleiben und die hohe Schwingung der Freude zu kultivieren und zu leben, auch wenn es um uns herum und in uns Turbulenzen gibt.

Die Elohim laden uns ein, unsere eigene(n) Affirmation(en) zu kreieren, die in Form einer Absichtserklärung unsere Ausrichtung immer wieder aufs Neue bestärken. Zum Beispiel können wir uns sagen:

»Ich bleibe meinem Platz und meiner Energie treu und halte meine Energie.«

»Ich sorge gut für mich und schreite mutig voran.«

»Ich vertraue dem Göttlichen in mir und allem Sein.«

»Ich danke Gott dafür, dass ich geführt und geleitet bin.«

Als letztes Geschenk für unser Gewappnetsein und unsere Stärkung geben uns die Elohim nun eine Methode an die Hand, die unserem Schutz und dem lichtvollen Schutz und Segen sowie dem Bewahren der harmonisierten Form von Personen, Orten und Situationen dient.

Dieses Schutz- und Segensritual aus der höchsten Göttlichen Schwingungsfrequenz mit allen Elohimkräften ist eine Art Kraftplatzbereinigung und ein Kraftplatzschutz, wobei auch wir selbst, also auch Menschen, Kraftplätze sind oder sein können - ein kraftvoll ausstrahlendes, pulsierendes, lebendiges und gar heilsam wirkendes Energiefeld.

Einleitende Übermittlung der Elohim

Der Elohimengel des Wachstums spricht: »Es ist wichtig, dass die Menschen verstehen, warum sie dieses Ritual beziehungsweise diesen Schutz und dieses Gesegnetsein kennen und umsetzen beziehungsweise einsetzen sollen. Es ist den meisten bekannt, dass die Dualität, die Erde in der Dualität existiert. Und so sind auch Mächte oder Kräfte daran interessiert, die Erdheilung beziehungsweise die Anhebung des Planeten Erde nicht einfach zuzulassen, sondern dies vielmehr zu verhindern und aufzuhalten. Das solltet ihr einfach wissen, ohne zu viel Energie in diese Richtung zu lenken. Die wichtigste Erkenntnis für alle dabei ist, dass dies unterschwellig schon lange läuft, indem versucht wird, den Menschen durch Medien und andere Portale und andere Möglichkeiten die Sinne zu vernebeln beziehungsweise die Sinne dumpf zu machen: zum Beispiel den Geschmackssinn durch falsche und genmanipulierte und denaturierte Ernährung, den Gehörsinn durch zu viele Einflüsse von Falschem. Negativdenken gehört auch dazu und ebenso zu viele Eindrücke von falschen, unguten Dingen wie übermäßiges Fernsehen, immer rohere und gewalttätigere Inhalte, die euch abstumpfen lassen. Das ist nicht gut. Außerdem fehlt den meisten die Zeit, sich zu spüren, also sind viele Menschen körperlich nicht mehr bei sich und werden offen für Energieräuber beziehungsweise Energieeinvernehmer, für einvernehmende Energien. Viele haben falsche oder gar keine Abgrenzungs- und Schutzmechanismen entwickelt, die sich gar nicht mehr oder bei einigen zu häufig einstellen. Internet und Handy sorgen weiter dafür, sich laufend mit hoher Strahlung zu konfrontieren, die ihr gar nicht alle vertragt.

Es ist zu viel, so dass der sechste Sinn, nämlich das erweiterte und verfeinerte Wahrnehmen, die intuitiven Eingebungen, immer weniger wird beziehungsweise durch zu viel Input von außen gleichsam abstumpft und nicht mehr ernst genommen beziehungsweise überhört wird. Nur durch die Stille und das Sichspüren gelangt ihr wieder zu euerer inneren Wahrheit und zu eurer ursprünglichen Göttlichen Anbindung, die jeder in sich trägt, die Verbindung zur Schöpferkraft, aus der wir alle entstanden sind. Wir bitten dich, Ingrid Theresia, dies alles zu sagen. Es wird keine Angst machen, sondern nur informieren.

Daher ist es wichtig, das eigene Energiefeld, die Aura, nach außen hin mehr zu schützen und zu stärken als bisher. Vor allem ist es natürlich am wichtigsten bei euch Lichtarbeitern und Lichtbringern, die ihr eure Größe erkennt und die ihr erkennt, was ihr persönlich zur positiven Veränderung der Welt beitragen könnt.

Deshalb helfen wir euch durch eine Technik beziehungsweise ein Ritual, damit ihr erlernt, wie ihr euch, euer Kraftfeld, das ihr seid, schützt und bewahrt und wie ihr in diesem Sinne auch beten könnt für andere Menschen – was nichts anderes bedeutet, als dass eine Auraschutzverstärkung wie ein Gitternetz aufgebaut wird, das zum einen nichts hereinlässt, was nicht verdaut werden kann und nicht zu euch gehört, und dass zum anderen eine Art Tarnkappe bildet, die verhindert, dass negative Spürnasen, so nennen wir sie hier einmal, euch nicht aufspüren beziehungsweise orten können. Es ist wichtig, Ingrid Theresia, dies jetzt so weiterzugeben.«

Wer oder was darf in dieser Weise gesegnet und geschützt werden?

Diese wirksame und gnadenreiche Technik des Kraftplatzschutzes, so wurde mir gesagt, darf und soll nun für uns selbst (unsere Seele), andere Personen (und Tiere) sowie unsere eigenen Wohnstätten und Heimatorte genutzt werden. Dafür wird stets dasselbe Segensgebet verwendet.

Zuerst klären und schützen wir *uns selbst* mit dem nachfolgenden Gebet. Dabei werden wir von den Elohim in den Kreis genommen, während von oben das Göttliche Licht auf uns strahlt. Wir bitten alle Elohim, vor allem den Elohim der Gnade, den Elohim der Liebesbringerenergie und den Elohim der Vollkommenheit, einen Lichtkranz um uns herum zu errichten (siehe weiter unten »Kraftplatzschutz für Menschen und Tiere«). Spüren Sie, Sie sind nun unabbringlich in die Obhut Gottes gestellt. Sobald wir selbst in unserem Kraftfeld geschützt sind, können wir mit unserer Wohnung, unserem Haus weitermachen.

Weiter sagen die Elohim: »Das Gebet kann genauso bei Menschen und Tieren angewendet werden. Es kann ebenfalls für Freunde und Familienangehörige gebetet werden, ohne dass diese Personen Bescheid wissen müssen. Denn es wird lediglich ihre Göttliche Schöpferkraft, die jedem innewohnt, aktiviert und ihr Erwachen wird gefördert. Ihr erbittet Schutz und klare Sicht für diesen Menschen, was ihm hilft, weniger müde oder vernebelt zu sein. Dabei habt ihr die Verantwortung, ob ihr Menschen mit diesen Informationen helft oder euch dadurch nur wichtig macht oder ihnen sogar Angst macht.«

Wirkung des Kraftplatzschutzes

»Grundsätzlich liegt der Sinn dieses Segens- und Schutzrituals im Aufbau einer Energieschranke gegen negative Kräfte und Störfrequenzen aller Art. Versteht das so! – Ihr Lichtarbeiter habt lange daran gearbeitet, euch und euer Göttliches Licht beziehungsweise eure Anbindung zum Schöpfer zu erkennen, zu bewahren und zu stärken, um Mitschöpfer oder im Mitschöpfertum sein zu können. Lasst euch hierin nicht irritieren und wisst euch geschützt! Deshalb geben wir euch diese Methode für eure Seelen und auch für eure Familien, Wohnorte und Heimstätten.«

Vorbereitung

Über das Gebet hinaus gibt es für dieses Ritual beziehungsweise diesen Segensakt aus der geistigen Welt eine spezielle LIGHT-FOR-LIFE-Essenzenmischung (»**Essenz für Kraftplatzschutzversiegelung**«), deren Anwendung als Unterstützung des Kraftplatzschutzes in einem speziellen Seminar erlernt werden kann. Nur nach Besuch dieses Seminars darf ich diese Essenz abgeben. Nähere Informationen erfragen Sie bei Interesse bitte über mein Büro unter info@zeitgeist-die-neue-schule.de.

Diese Vertiefung und Weiterführung des Rituals mag für Menschen interessant sein, die sich aufgerufen fühlen, im Sinne der Lichtarbeit zu wirken - zum Beispiel auch für öffentliche Einrichtungen und so weiter. Das Seminar bietet den geeigneten Rahmen für tiefergehende und detaillierte Informationen und Übermittlungen, die in diesem Buch nicht alle angegeben werden können.

Besonders bitte ich Sie zu beachten, dass Sie den ersten Teil des Gebets, in dem Klärung und Reinigung stattfinden, nicht überspringen. Nur ein geklärtes Feld wird sinnvollerweise geschützt. Das Schutzritual verläuft alsdann grundsätzlich von innen nach außen, also erst in der Wohnung oder im Haus, dann im Garten. Beginnen Sie in der Wohnung beziehungsweise im Haus dort, wo Sie sich am wohlsten fühlen beziehungsweise wo Sie sich am häufigsten aufhalten; häufig mag dies das Wohnzimmer sein. Dort sprechen Sie das nachfolgende Gebet.

Große Meditation mit Anleitung zum Kraftplatzschutz

»Begib dich an einen ruhigen, ungestörten Ort im eigenen Haus oder in der eigenen Wohnung und entspanne dich. Atme immer wieder tief ein und aus und lass alles Belastende oder Verspannte nach unten hin abfließen. Spüre die Verbindung zu Mutter Erde und danke dafür. Lass in deiner Vorstellung Wurzeln aus deinen Füßen in die Erde wachsen. Immer mehr verzweigen sie sich in das fruchtbare Erdreich hinein, werden kräftiger und tiefer und stärker. Sei wie ein Baum in deiner Vorstellung, fest verwurzelt in Mutter Erde, und nimm dankbar ihre Energie in dich auf mit jedem Ein- und Ausatmen …

Sodann stelle dir einen großen Lichtscheinwerfer mit goldenem und weißem Licht über dir vor. Es ist, als würde sich der Himmel über dir öffnen. Göttliches Licht durchströmt dich, durchlichtet dich, um dich zu reinigen und zu stärken und dich die hohe Energiefrequenz halten zu lassen. Dieses Licht fließt über deine Füße und vorgestellten Wurzeln auch in die Erde hinein, bringt lichtvolle Nahrung zu allen Elementen, den Naturgeistern und Mutter Erde selbst …«

Die Elohim fordern uns auf: »Wir bitten euch, ruft die **Naturgeister, die Erde, die Elemente** zum Erwachen. Sprecht oder denkt: ›In meines Schöpfers Namen rufe ich euch … Erwachet, wacht und seid wach! Spürt dieses Licht strahlen und werdet klarer und wacher! In meines Schöpfers Namen bitte ich euch darum und segne euch nun in meines Schöpfers Namen!‹

Dann atme goldgelbes Licht in den **Solarplexusbereich**. Bitte mich, den Elohim der Grundordnung, um Hilfe, dein Machtzentrum so auszugleichen, dass es in die gesunde Form kommt, um Raum einzunehmen. Sprich oder denke: ›In meines Schöpfers Namen bitte ich um Segen für meinen Solarplexus, und ich segne auch dankend meinen Solarplexus.‹

Nun segne ebenso dein **Herz** und erbitte, wie oben, den Segen. Bitte mich, den Elohim der Vollkommenheit, und mich, den Elohim der Grundordnung, dass Liebe in der Urnormform zu allem Sein, zum Schöpfer und zu dir selbst aktiviert werde.

Und nun gehe zum **Stirnchakra**. Bitte uns Elohim um einen Hormonausgleich, einen »Navigationsausgleich« und um Schwingungserhöhung. Spüre ...!

Nun erscheint der Elohim der Vollkommenheit und gibt dir ein Zeichen, ein Geschenk ... Nimm wahr, was es ist, und nimm es dankend entgegen.«

Das Reinigungs- & Kraftplatzschutzgebet – vom Elohim des Wachstums durchgegeben

»Ich erbitte nun Göttlichen Schutz und Göttliche Führung von meinem Schöpfer, der Schöpferkraft Gottes. Ich bitte um das Einfließen der Schöpferkraft Gottes und bitte um die Aktivierung der Schöpferkraft Gottes.

Dazu bitte ich alle Elohim, allen voran den Elohim der Gnade, den Elohim der Vollkommenheit und den Elohim der Liebesbringerenergie sowie die Christuskraft und alle Naturgeister, die für diesen Ort zuständig sind, mitzuhelfen, dass dieser Raum/dieses Haus/dieses Grundstück/dieser Platz hier jetzt verschont bleibt von negativen und niedrigen Mächten, die nicht im Christusbewusstsein sind und es nie waren.

In meines Schöpfers Namen befehle ich allen negativen Energien, die bereits Raum eingenommen haben, dieses geheilte, geheiligte Gebäude nun zu verlassen! Ich befehle es euch!

Ich bin jetzt angebunden an das Wissen um meine Herkunft und verbunden mit meinem Schöpfer und Jesus Christus in mir, und ich spüre jetzt das Licht in meinem Herzen sich verstärken. Ich danke allen Elohim für das Erleuchten des gesamten Gebäudes und aller Räume und aller Menschen und Wesen, die hier ein- und ausgehen. Danke. Amen.

Nun bitte ich um Kraftplatzschutz und Segen für diesen Ort, auf dass sich diese höchste Göttliche Schutzenergie wie eine Tarnkappe über dieses Gebäude und dieses Grundstück legen und sich so auswirken möge, dass dieser Ort und alles Gute darin bewahrt wird und er nicht gesichtet wird von negativen und unguten Mächten, die nicht im Christusbewusstsein sind. Ich danke der Erlöserenergie, der Christusenergie für die neue Zeit. Amen.

Licht und Liebe und Gottes Segen für alles Sein.«

Kraftplatzschutz für Menschen und Tiere

»Stellt euch einen großen Kreis vor, wie einen Lichtreifen mit einem Lichtscheinwerfer, der mit einem Durchmesser von ungefähr zehn Metern von oben darauf strahlt. Bittet uns Elohim alle, dass wir uns rundherum stellen und anwesend sind, und bittet nun die jeweiligen Schutzengel derjenigen Personen, die ihr geschützt und gesegnet wissen möchtet, in den Kreis zu gehen und die Menschen mitzunehmen beziehungsweise ihre Seelen zu befragen, ob sie möchten, dass sie mehr Schutz und Segen bekommen.

Seid also im Vertrauen, stellt euch alle Personen vor und bittet deren Seelen und die Schutzengel, dass sie sich in den Kreis stellen mögen, in den Schutzkreis der Elohim.

Und dann betet, sprecht für alle dieses Gebet (s. o.: »Ich erbitte nun Göttlichen Schutz und Göttliche Führung von meinem Schöpfer, der Schöpferkraft Gottes ...«) und ihr wisst, sie sind dann Göttlich gesegnet und geschützt. Sie haben sozusagen ebenfalls eine Art Tarnkappe um sich herum erhalten, die sie schützt. Falls ihr wahrnehmen solltet, dass manche Menschen nicht in den Lichtkreis eintreten möchten oder wieder hinausgehen, dann akzeptiert es so. Ihr könnt beim nächsten Mal nochmals für sie bitten. Jede Seele hat immer eine Wahl. Akzeptiert das so, das seid ihr in der nötigen Absichtslosigkeit und Demut vor dem Göttlichen Wirken in allem Sein.«

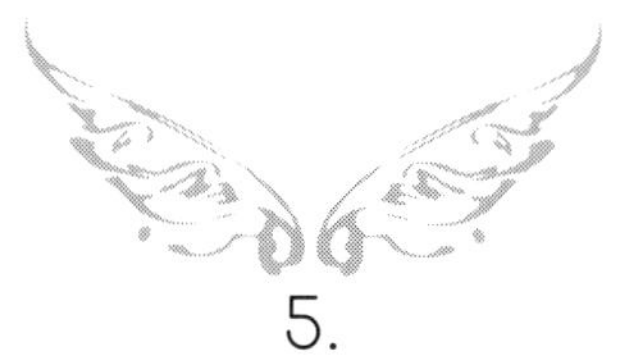

5. Schlussbetrachtung: Ich nehme meinen Platz als Lichtbringer und Mitschöpfer für eine neue Welt ein

Ich freue mich, dass Sie mit mir in diesem Buch auf eine Reise gegangen sind – eine Reise der Erinnerung an Ihr wahres Sein, eine Reise zu Ihrem Göttlichen Kern. Haben Sie die Kraft der Elohimengel als gute Reisebegleiter erfahren und sind Sie bereit, diese mehr und mehr in Ihren Alltag einzubeziehen? Die Freude und der Dank der Göttlichen Welt über jeden Einzelnen, der erwacht, sind Ihnen gewiss!

Nun dürfen wir gespannt sein auf weitere zeitmäßig wichtige Informationen und Lehren der Elohim. Mir wurden bereits Fortsetzungen angekündigt.

Doch an dieser Stelle möchte ich zusammen mit den Elohim dieses Schlusskapitel dazu nutzen, gemeinsam und persönlich ein Zwischenfazit zu ziehen. Ich habe es selbst als sehr lohnend erlebt, ab und zu in der Dynamik der äußeren und inneren Ereignisse und Entwicklungen innezuhalten. Wenn wir immer wieder in die Stille und in die Tiefe gehen, können wir uns einige wesentliche Fragen stellen, in der Gewissheit, dass wir alle Antworten bereits in uns tragen. Lauschen wir der Stimme unseres Herzens!

Ob wir es bewusst so empfunden haben oder eher subtil in uns spüren: Die Informationen und Impulse dieses Buches wirken. Häufig erleben wir es als eine neue Weichenstellung und Ausrichtung für unseren Alltag. Ein guter Zeitpunkt also, um dem Neuen nachzuspüren.

Haben Sie sich bereits einmal gefragt: »Wo stehe ich, was verändert sich, wenn ich meine Individualität, meine Kreativität und mein wahres Wesen zum Ausdruck bringe und als Mitschöpfer eigenverantwortlich lebe?«

Die Elohim ermutigen uns, uns auf uns selbst zu besinnen – auch für den Dienst am großen Ganzen: »Die kommenden Jahre bringen eine völlige Umstrukturierung und das Durchgehen durch Veränderungen mit sich, von denen ihr jetzt noch keine Vorstellung habt. Macht euch nicht mehr, wie ihr es früher getan habt, klein und lasst euch nicht kleinhalten. Es ist nicht mehr die Zeit, um in Unsicherheit zu gehen. Auch für Menschen, die bereits ein erweitertes Bewusstsein erlangt haben beziehungsweise für euch Lichtarbeiter ist es wichtig zu erkennen, dass ihr aufgerufen seid, ins Mitschöpfertum zu gehen. Dies bedeutet zunächst vor allem, dass ihr jetzt gefordert werdet, euch so zu verändern beziehungsweise Veränderungen zuzulassen, damit ihr euch stabil, geführt und voller Vertrauen fühlt und euch an euren Platz führen lasst.«

Mich berühren in diesem Zusammenhang immer wieder aufs Neue die Worte aus einer Rede Nelson Mandelas, die ich gerne mit Ihnen teile:

Rede von Nelson Mandela

»Unsere tiefste Angst ist es nicht,
ungenügend zu sein.

Unsere tiefste Angst ist es,
dass wir über alle Maßen kraftvoll sind.
Es ist unser Licht, nicht unsere Dunkelheit,
das wir am meisten fürchten.

Wir fragen uns: Wer bin ich denn,
um von mir zu glauben, dass ich brillant,
großartig, begabt und einzigartig bin?
Aber genau darum geht es,
warum solltest du es nicht sein?

Du bist ein Kind Gottes.
dich kleinzumachen, nützt der Welt nicht.
Es zeugt nicht von Erleuchtung, dich zurückzunehmen,
nur damit sich andere Menschen um dich herum
nicht verunsichert fühlen.

Wir alle sind aufgefordert, wie die Kinder zu strahlen.
Wir wurden geboren, um die Herrlichkeit Gottes,
die in uns liegt, auf die Welt zu bringen.
Sie ist nicht in einigen von uns,
sie ist in jedem.

Und indem wir unser eigenes Licht scheinen lassen,
geben wir anderen Menschen unbewusst die Erlaubnis,
das Gleiche zu tun.

Wenn wir von unserer eigenen Angst befreit sind,
befreit unser Dasein automatisch die anderen.«

In diesem Sinne möchten die Elohim, dass wir beginnen, uns Fragen zu stellen, Fragen über unsere Gaben, unsere Größe, unseren Platz und unsere Freude.

Leitfragen, um meinen Platz einzunehmen und meinen Beitrag für die Welt zu leisten:

- Wer bin ich?
- Was kann ich?
- Wo will ich meinen Beitrag leisten? Beruflich oder privat oder als Mischung aus beidem?
- Wie verhalte ich mich meinem Umfeld gegenüber?
- Welche Werte leiten mich?
- Worauf richte ich meine Aufmerksamkeit und Energie?
- Wie informiere ich mich und andere?
- Was ist meine Grundhaltung im Leben?
- Wo fühle ich mich in meinem »Element«, im Fluss des Lebens?
- Welche Tätigkeiten bereiten mir große Freude?
- Welche Vision habe ich von unserer Welt?

»Der eine oder andere von euch tut sich schwer damit, sich vorzustellen, was alles möglich ist! Ihr habt das Prinzip von DER GLAUBE VERSETZT BERGE noch nicht wirklich verstanden. Es ist wichtig, dass ihr in dieser Zeit weiterhin positiv denkt und zudem die positive Ausrichtung haltet – und euch nicht von anderen irritieren lasst, die euch Angst machen oder Sorgen verbreiten. Seid stark im eigenen **Ausgerichtetsein auf das Positive** und seid stark im Vorwärtsdenken. Denn es ist so: Durch die Schwingungserhöhung werden sich die Dinge, die ihr euch vorstellt, schneller verwirklichen. Übrigens auch das Negative. Deshalb denkt vorwärts, denkt positiv und denkt Gutes! Seid achtsam mit euren Gedanken und Wünschen und Werten!«

So haben uns die Elohim in diesem Buch wertvolle Hilfsmittel und Informationen gegeben und tiefe Erinnerungen in uns »angetickt«, die wir in unserem Herzen tragen und auch ganz konkret anwenden können, um selbst in ein neues, stabiles Gleichgewicht, in ein neues Bewusstsein und ein neues erfülltes Lebensgefühl zu gelangen und um darüber hinaus einen Beitrag zur Neugestaltung unserer Welt zu erbringen.

Eine Leitfrage für uns mag dabei stets lauten: **Wie kann ich durch meine Handlungen zeigen, dass ich mir meines Mitschöpferseins bewusst bin und danach lebe?**

Ich möchte das Buch mit einer letzten Durchsage der Elohim schließen und wünsche Ihnen von Herzen Gottes Segen und alles Gute.

»Die wichtigste Voraussetzung für euer Mitschöpfersein ist eure Einstellung und das Bewusstsein des einzelnen Menschen, also von jedem von euch, dass ihr Göttlich seid. Wisset dadurch, dass eine Kraft in euch ist und wirkt, die keiner weiteren Worte bedarf. Vielmehr gilt es, diese Kraft beständig zu nähren. Seid euch dieser Kraft allzeit bewusster und glaubt mehr und mehr an das Wunder der Einheit und des Einsseins im ganzen Sein. Wie dieses Ganze besteht und sich formt, hängt maßgeblich vom einzelnen Teilchen ab, von jedem Wesen auf der Erde und im Himmel beziehungsweise im Universum. Das heißt, es ist wichtig, dass mehr und mehr Wesen sich dieser Kraft und ihrer Wichtigkeit als Teil vom Ganzen bewusst sind und im Sinne des Ganzen miterschaffen. Handle nach deinem Gefühl, nach deinem reinen Gewissen und nach deinem Tatendrang. Dazu bitten wir euch Menschen, unbedingt in die Reinheit des Herzens zu gehen, angebunden zu sein an euer Herz und ebenso angebunden und in Verbindung zu sein mit unserem Schöpfer, eurer himmlischen Heimat und mit Mutter Erde und all ihren Helfern.

Die neue Erde ist der neue Himmel.

In Liebe, eure Elohim«

Ich danke nun den Elohim von ganzem Herzen für die Vollendung dieses wundervollen Geschenkes an die Menschen und an mich.

Möge es uns und unseren Kindern als Wissen für die neue Zeit sowie zur freien Selbstentfaltung, zur Liebe zum Leben und zur Einbringung jeder einzelnen Qualität und Fähigkeit unseres Seins ins Hier und Jetzt dienen.

Gott segne alles Sein!

Ingrid Theresia Bleier

Epilog der Elohim

Wir alle bitten euch, einander mit Liebe und Achtsamkeit und Respekt zu begegnen. Erkennt den Wert dieses Geschriebenen für eure Zeit und eure Zeitqualität. Es geht um Wandlung und einen leichten Übergang in eine neue Dimension, neue Dimensionen. Erkennt, dass alle Hilfen der Göttlichen Welt dazu bereitgestellt sind, euch zum Erwachen, das heißt zum bewussten Mitschöpfertum zu bewegen.

Der Frieden der Schöpferkraft,

die Liebe der Schöpferkraft,

die Weisheit der Schöpferkraft

und das Wissen um alles Sein aus der Wahrheit
der Schöpferkraft

stehen euch alle Zeit zur Verfügung, wenn ihr bereit seid,
euch zu öffnen für euer wahres Selbst und Sein mit diesem
Erbe auf Erden!

Wir segnen euch nun und freuen uns sehr, dass ihr das Geschriebene weise verwendet und ausstrahlt.

Seid Frieden.
Seid Liebe.
Seid Gerechtigkeit im Sein,
damit das neue Menschsein
sein kann.

Anhang

Die Hauptchakren des menschlichen Aurafeldes und ihre Entsprechungen

Nachstehend finden Sie eine Übersicht der sieben Hauptchakren (Energieräder) unseres Energiesystems und die ihnen zugeordneten Themen, Farben, Heilsteine und Düfte:

Name:	**Wurzelchakra/Basischakra**
Lage im Körper:	vom Steißbein nach unten hin kegelförmig geöffnet
Thema:	Lebenswille, Lebenskraft, Materialität, Erdung, Vitalität, Körperlichkeit, Urvertrauen
Farbe:	Rot
Heilstein:	Rubin, Hämatit, Jaspis, Granat, schwarzer Turmalin
Düfte:	Nelke, Ingwer, Vetiver, Zypresse, Zeder, Weihrauch, Myrrhe

Name:	**Sakralchakra/Sexualchakra**
Lage im Körper:	eine Handbreit unter dem Nabel
Thema:	Lebensfreude, Kreativität, Sexualität, Sinnlichkeit, Fluss der Lebensenergie, Erfahren der Welt
Farbe:	Orange
Heilstein:	Carneol, Jaspis
Düfte:	Ylang-Ylang, Sandelholz, Pfeffer, Vanille, Orange

Name: Solarplexuschakra
Lage im Körper: in der Sonnengeflecht- bzw. Magengegend, zwischen Nabel und unterem Rippenbogen
Thema: eigene Mitte, gesunder Selbstwert, Selbstsicherheit, Macht, Gedankenmuster, Ich-Identität
Farbe: Gelb, Goldgelb
Heilstein: Bernstein, Citrin, Tigerauge, Topas
Düfte: Kamille, Zitrone, Anis, Grapefruit, Melisse

Name: Herzchakra
Lage im Körper: auf Höhe des physischen Herzens in der Mitte der Brust
Thema: bedingungslose Liebe, Herzkraft, Herzweisheit, Mitgefühl, Feingefühl, Hingabe, Vergebung, Heilung
Farbe: Hellgrün oder Rosa
Heilstein: Rosenquarz, Rhodochrosit; Malachit, Smaragd, Aventurin, Chrysokoll, Jade, Moosachat
Düfte: Rose, Jasmin, Kardamom

Name: Halschakra/Kehlchakra
Lage im Körper: auf Höhe der Kehle
Thema: Kommunikation, Ausdruck, Wahrheit, Authentizität
Farbe: Hellblau, Türkis, Silber
Heilstein: Chalzedon, Aquamarin, Opal, blauer Topas
Düfte: Eukalyptus, Kampfer, Salbei, Lavendel

Name:	**Stirnchakra**
Lage im Körper:	beim »Dritten Auge« über der Nasenwurzel auf der Stirn
Thema:	Intuition, Klarheit, Visualisierungskraft, Verbindung zum Höheren Selbst
Farbe:	Indigoblau, Violett
Heilstein:	Amethyst, Saphir, Iolith
Düfte:	Jasmin, Zitronengras, Minze, Veilchen, Basilikum

Name:	**Scheitelchakra/Kronenchakra**
Lage im Körper:	auf dem Scheitel, nach oben geöffnet
Thema:	Verbindung zur Quelle, Einheitsbewusstsein, Göttliche Liebe
Farbe:	Weiß, regenbogenfarben, Flieder
Heilstein:	Bergkristall, Diamant
Düfte:	Weihrauch, Rosenholz, Neroli

Über die Autorin

Ingrid Theresia Bleier ist Medium, spirituelle Lehrerin sowie Heilpraktikerin und Heilerin. Seit über 20 Jahren arbeitet sie in eigener Praxis. Ihr reiches Wissen über Persönlichkeitsentwicklung, spirituelles Wachstum, Lichtarbeit und Therapieformen der neuen Zeit gibt sie außerdem seit über zwölf Jahren in ZeitgeistSerminaren (ehem. Schule Zeitgeist) in Starnberg bei München weiter. Dabei wird ihr Angebot an medial übermittelten Schulungen stets breiter, den Anforderungen unserer Zeiten entsprechend. Ihre derzeitige Ausbildung zum Heart&SoulWise-Trainer nach Ingrid Theresia Bleier® zielt darauf ab, unsere Anbindung an die Göttliche Quelle zu verstärken und den inneren Kompass als verlässliches Orientierungsinstrument zu entwickeln für ein Leben aus der eigenen Herzenswahrheit. Sie hält außerdem Seminare im In- und Ausland ab und kommt auf Wunsch auch in Ihre Stadt.

Ingrid Theresia Bleier sagt selbst: »Ich lebe in verschiedenen Facetten meine Berufung und meine Gaben, das Aurasehen, das mich seit meiner Kindheit begleitet. Mein Herzensanliegen ist es, durch meine Arbeit einzelnen Menschen zu helfen sowie global zur Neustrukturierung und Heilung unseres Planeten beizutragen!«

Heute ist sie ein Elohimmedium. Die Ebene der Elohimkräfte ist nur wenigen medialen Menschen zugänglich, da Sinne und Körper dieser Menschen ein intensives Training durchlaufen müssen, um diese hohen Schwingungen tagtäglich aushalten zu können, die Bodenhaftung zu bewahren und das übermittelte Wissen klar und praxistauglich weiterzugeben.

Gleichzeitig vertreibt Ingrid Theresia Bleier seit 1999 über das von ihr gegründete Unternehmen COSMOMEDITERRA die ihr übermittelten LIGHT FOR LIFE ESSENCES und BRIGHT AURALIGHT SPRAYS, geistige Schwingungsmittel zur Harmonisierung unserer Energiefelder und zur Unterstützung in vielfältigen Lebensbereichen. Für die in diesem Buch behandelten Themen empfiehlt die Autorin insbesondere folgende Essenzen:

- Die 7 ELOHIM-AURA-SPRAYS
- Die 7 ELOHIM-ESSENZEN

Nähere Informationen unter www.zeitgeistseminare.de und www.cosmomediterra.com

Klassisches Aura-Spray
Reinigung & Schutz

Dieses universelle Spray für unseren Alltag wird auch von Therapeuten sehr geschätzt. Es bewirkt Schutz, Zentrierung und Stabilisierung. Es macht den Menschen weniger empfänglich und angreifbar für negative Schwingungen. Besonders geeignet als Schutzspray z. B. für Menschen mit Abgrenzungsproblemen oder wenn man sich an stark frequentierte Orte bzw. in größere Menschenmengen begibt. Empfohlen und wichtig außerdem für Therapeuten zur Reinigung ihrer Behandlungsräume. Es hat sich darüber hinaus allgemein bewährt zum Klären und Reinigen von Räumen (bspw. Hotelzimmer, Praxis, Wohnung, Haus) sowie für den energetischen »Frühjahrsputz«. 50 ml-Flakon · € [D] 25,00

HINWEIS

Die Aura-Sprays werden hergestellt von Cosmomediterra LIGHT FOR LIFE GmbH Ingrid Theresia Bleier nach höchsten Qualitätsstandards.
Ausschließlich naturreine Inhaltsstoffe, natürliche ätherische Öle, Alkohol und Wasser werden verwendet. Jedes einzelne dieser hochwertigen Energiesprays ist nach ausgewogener energetischer Rezeptur von Hand produziert. Für die Herstellung der Sprays werden keine Konservierungsstoffe verwendet und sie kommen ohne Tierversuche aus. Die Energiesprays sind Schwingungsmittel und wirken holistisch auf das gesamte Energiesystem des Menschen, stärkend, klärend und stabilisierend.

256 Seiten, Flexocover
ISBN 978-3-89845-434-6
€ [D] 16,95

Nadja Berger

Hellsicht, Medialität, Channeling

Mediale Fähigkeiten verstehen und anwenden

Nadja Berger macht Sie mit der Kunst der medialen Wahrnehmung und Kommunikation vertraut und begleitet Sie dabei, diese zu erkunden und auszuüben. Viele praktische Anleitungen und Übungen zur Schulung eigener sensitiver Fähigkeiten helfen Ihnen, Grenzen zu überschreiten, die einem normalerweise gegeben sind, und Dinge zu überschauen, die man aus der alltäglichen Position heraus nicht wahrnehmen kann. Entdecken Sie Ihre medialen Fähigkeiten, stärken Sie Ihre Intuition und begegnen Sie Ihren geistigen Helfern! Dieses Buch macht es möglich.

192 Seiten, broschiert
ISBN 978-3-89845-392-9
€ [D] 14,95

Ines Witte

Lebe aus der Kraft deiner Mitte

Aufgestiegene Meister zeigen dir den Weg

Der Aufgestiegene Meister Konfuzius führt dich auf den Weg zu einem intensiven Kontakt mit dir selbst und zu einer inneren Balance, die dir Harmonie, Gelassenheit und Zufriedenheit schenkt. Konfuzius hilft dir beim Erkennen des göttlichen Plans, beim Gewinn von Wissen und bei der Entfaltung deines eigenen Potenzials. Seine Channelings und Meditationen unterstützen dich darin, die Verbindung zur Kraft deiner Mitte wiederherzustellen und zu pflegen. So wirst du schon bald das Höhere Selbst als wissenden Ratgeber in dein alltägliches Leben einbeziehen.

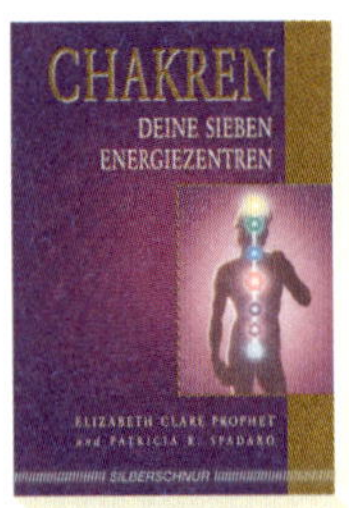

272 Seiten, broschiert
ISBN 978-3-89845-107-9
€ [D] 6,95

Elizabeth Clare Prophet & Patricia R. Spadaro

Chakren – Deine sieben Energiezentren

Dieses Buch vermittelt – basierend auf der Lehre vom feinstofflichen Energiesystem unseres Körpers – kraftvolle Einsichten und Werkzeuge, um wieder heil und ganz zu werden. Quelle dieses Wissens sind verschiedenste spirituelle Traditionen, die uns anleiten, wie wir unsere Seele über die sieben Schritte des persönlichen Wachstums voranbringen können. Dieses Werk beinhaltet darüber hinaus ganzheitliche Techniken zur Wiederherstellung der energetischen Balance unseres Körpers – angefangen bei Homöopathie über Vitamine und Heilbäder bis hin zur Arbeit mit Meditationen, Affirmationen und Visualisierungen.

176 Seiten, broschiert
ISBN 978-3-89845-468-1
€ [D] 14,95

Claire Avalon

Channeling – Der Eingebung des Augenblicks folgen

Verbindung zu den Lenkern der 12 göttlichen Strahlen

Claire Avalon erklärt in diesem Buch anschaulich und verständlich, was Channeling ist, wie es funktioniert und warum und wie jeder Mensch Zugang zur geistigen Welt erlangen kann. Sie geleitet uns mithilfe der Aufgestiegenen Meister, der Weißen Bruderschaft und der Lenker der zwölf Strahlen zu unserem ganz eigenen Zugang zur geistigen Welt.
Eine wunderbare Einführung in die praktische Kontaktnahme mit den Geistwesen!

152 Seiten, Illustrationen, durchg. farbig, Flexocover
ISBN 978-3-89845-474-2
€ [D] 14,95

Bernadette Saphira Huber

So fühlen sich Engel an

Deine Verbindung zur Engelwelt

Bernadette Saphira Huber baut mit diesem Buch eine breite Brücke, über die du gehen kannst, um die Gegenwart der himmlischen Helfer zu erfahren. Sie eröffnet den Zugang zu genau den Engelkräften, die gerade wichtig und richtig sind – ob zur Heilung, als Hilfe in aufwühlenden Lebensphasen oder für persönlichen Schutz.
Ihre einfühlsame und klare Anleitung erlaubt dir, die Welt der Engel zu erleben und eine Verbindung zu ihnen aufzubauen. Sie hilft dir, dich dem Engel zu nähern, den du gerade brauchst, um die unterstützende Kraft des Engels, seine Liebe und seine heilende Präsenz intensiv zu erfahren.

248 Seiten, broschiert
ISBN 978-3-89845-471-1
€ [D] 16,95

Joachim Vieregge

Einfach gute Gedanken

Heilung unseres feinstofflichen Körpers

Die Ursache vieler Probleme liegt auf der Ebene unserer Gedanken, auf der sich negative Gedankenformen eingenistet haben. Joachim Vieregge erklärt, was negative Gedankenformen sind und zeigt uns, wie wir diese auf einfache Weise transformieren und wandeln können, so dass die Last von leidvollen Gedanken aufgehoben wird, an die wir viel zu lange geglaubt haben. Dann können wir das erleben, was unsere tiefste Sehnsucht ist: das Leben befreit genießen.

152 Seiten, mit Abbildungen, 4-fbg., Klappenbroschur
ISBN 978-3-89845-437-7
€ [D] 14,95

Nathalie Bodin

Ho'oponopono

30 Formeln zur Lösung von Konflikten

Entdecken Sie Ho'oponopono ganz praktisch für Ihren Alltag. Nathalie Bodin konzentriert sich auf das Wesentliche im hawaiianischen Vergebungsritual: die Lösung von Konflikten, wie dies in seinen historischen Anfängen der Fall war. Sie hat das ursprüngliche Ritual wiederaufgegriffen und an das moderne westliche Leben angepasst. Sie bringt uns Ho'oponopono nahe, indem sie uns an 30 alltäglichen Situationen zeigt, wie wir Konflikte erfolgreich mit der Energie des Verzeihens und des Reinigens auflösen können.
Entdecken Sie die Weisheit des Ho'oponopono, die auch auf jeden Konflikt in Ihrem Leben anwendbar ist!

192 Seiten, broschiert
ISBN 978-3-89845-393-6
€ [D] 14,95

Gabriele~Saskia Drungowski

Das Beste für dich

Der Weg vom Unbewussten zum Bewussten

Öffnen Sie Tür zu Ihren innersten Räumen, in denen Sie Erstaunliches über sich selbst und Ihre Beziehungen erfahren. Dieses Wissen hilft Ihnen, sich selbst wahrhaft zu erkennen und Ihr eigenes Leben in die Hand zu nehmen, ja sogar die Welt zu verändern.
Die praktischen Anleitungen, Übungen und Meditationen in diesem Buch unterstützten Sie zu begreifen, wer Sie eigentlich sind. Dank dieses Wissens stehen Sie am Anfang einer ungeahnt tiefen Bewusstheit, die alles umfasst, was Sie für Ihr Leben und Ihren eigenen Weg benötigen.

384 Seiten, Klappenbroschur
ISBN 978-3-89845-409-4
€ [D] 18,95

Myra

Saint Germains Vermächtnis

Das geheime Wissen über die Welt und das Leben

Saint Germain spricht Klartext über neuzeitesoterische Weltanschauungen und teilt uns seine Weisheiten über vielfältige Themenbereiche mit. Er klärt uns sowohl über Sinn und Unsinn der Astrologie, über Channeling, über die Schöpfung, über Kabbala, über Christentum und sogar über Kornkreise wie über Politiker und Politik sowie über Verschwörungstheorien auf. Saint Germain räumt recht eindrucksvoll mit vielen »neuzeitesoterischen« Meinungen auf und stößt Personen und Dinge von einem Sockel herab, auf dem sie seiner Meinung nach nicht stehen dürften.